Das große Vorlesebuch für Kindergarten-Kinder

Das große Vorlesebuch für Kindergarten-Kinder

von Margit Auer, Luise Holthausen, Sabine Ludwig, Christian Tielmann und anderen

Sonderausgabe im Sammelband

© 2017 Carlsen Verlag GmbH, Völckersstraße 14–20, 22765 Hamburg

Alle deutschen Rechte vorbehalten

Umschlagillustrationen: Sabine Kraushaar

Satz und Innenseitengestaltung: Karin Kröll, Hamburg

Lithografie: ReproTechnik Fromme, Hamburg

ISBN: 978-3-551-51909-2

Carlsen-Bücher gibt es überall im Buchhandel und auf www.carlsen.de.

Newsletter mit tollen Lesetipps kostenlos per E-Mail: www.carlsen.de

Inhalt

Inhalt

Max geht in den Kindergarten

Eine Geschichte von Christian Tielmann
Mit Bildern von Sabine Kraushaar

Max freut sich auf das Ende der Sommerferien. Denn dann kommt
er in den Kindergarten.

Papa und Mama haben schon viele neue Sachen für Max besorgt:
eine Brotdose und eine Trinkflasche mit einem Ritter drauf und neue
Hausschuhe.

Außerdem bekommt Max einen Rucksack. Der ist so groß, dass sogar
Kuschel, sein Lieblingskuscheltier, reinpasst. Felix bekommt natürlich
auch etwas: einen nagelneuen Turnbeutel und ein Federmäppchen.

Der große Bruder von Max geht nämlich schon in die Schule.

Endlich ist es so weit! Am Montag geht Felix wieder zur Schule. Mama muss ins Büro. Und Papa bringt Max zum Kindergarten.

Auf dem Weg treffen sie Pauline, die beste Freundin von Max. Die beiden sind schon zusammen zur Tagesmutter gegangen.

Im Kindergarten begrüßt sie eine nette Frau. »Ihr seid bestimmt Max und Pauline«, sagt sie. »Ich bin Rosi, eure Erzieherin. Herzlich willkommen!«

Max' Papa und Paulines Mama kommen heute auch noch mit rein.

»Hier könnt ihr eure Jacken hinhängen und die Hausschuhe anziehen«, sagt Rosi in der Garderobe.

Über jedem Kleiderhaken ist ein Tierbild. Max bekommt sein Lieblingstier: ein Kaninchen! Pauline hat eine Schnecke.

»Das ist aber eine Renn-Schnecke«, sagt Pauline und zieht sich blitzschnell die Hausschuhe an.

»Überall im Kindergarten, wo das Kaninchen drauf ist, sind deine Sachen, Max«, erklärt Rosi.

»Und da, wo die Schnecke drauf ist, sind deine Sachen, Pauline. Bei den Handtüchern und Zahnbürsten und auch bei eurem Eigentumsfach.«

»Was ist denn ein Eigentumsfach?«, fragt Max.

»Kommt mal mit«, sagt Rosi.

Im Gruppenraum zeigt Rosi den beiden ein Regal mit bunten Kisten. Jedes Kindergartenkind hat hier ein Fach.

»Da könnt ihr die Sachen reintun, die ihr gebastelt habt und mit nach Hause nehmen möchtet«, erklärt Rosi. »Ihr habt bestimmt noch Frühstückshunger, oder?«

»Na klar!« Max und Pauline nehmen ihre nagelneuen Brotdosen mit an den Tisch. Die Stühle im Kindergarten sind so niedrig, dass man gar nicht draufklettern muss.

»Coole Brotdose«, sagt ein großer Junge, als Max sich neben ihn setzt. »Ich bin Ben. Und ich werde mal Ritter.«

Max und Pauline essen ihre Brote. Papa und Paulines Mutter gucken zu.

»Ihr könnt auch gehen!«, sagt Max. »Genau«, schmatzt Pauline.

»Super«, sagt Papa. »Mama holt dich nach dem Mittagessen wieder ab.«

»Tschüss«, sagt Max und gibt Papa einen Abschiedskuss. Und dann will er von Ben wissen, wie man Ritter wird.

Nach dem Frühstück ruft Rosi alle Kindergartenkinder zum Sitzkreis zusammen. »Heute gibt es etwas Besonderes«, sagt sie. »Wir haben zwei neue Kinder: Max und Pauline!«

»Max hat eine Ritter-Brotdose!«, ruft Ben dazwischen.

»Cool!«, sagt ein anderer Junge.

Dann sagen alle Kinder ihre Namen, damit Max und Pauline auch wissen, wie die anderen heißen. Außerdem gibt es noch einen Erzieher: Christoph. Aber so viele Namen kann sich Max nicht auf einmal merken.

»Die lernst du ganz schnell!«, sagt Rosi.

Zum Schluss singen alle zusammen ein lustiges Morgenlied.

»Sitzkreis ist cool!«, flüstert Max Pauline zu.

»Supercool!«, flüstert Pauline zurück.

Nach dem Sitzkreis will Ben mit Max und Pauline auf dem Hof Ritter spielen. Aber die Burg wird von Emma bewacht. Ben macht ein Riesengeschrei. Emma auch.

»Was ist denn das Problem?«, fragt Rosi.

»Emma lässt keine Ritter auf die Burg«, beschwert sich Ben.

»Das ist ein Prinzessinnenschloss und wir waren zuerst da«, sagt Emma.

»Könnt ihr nicht alle zusammen spielen?«, fragt Rosi.

»Na klar: Die Ritter bewachen die Burg«, schlägt Max vor.

»Und die Prinzessinnen helfen den Rittern und schmeißen Pech und Schwefel aus der Burg, wenn die Feinde kommen«, sagt Pauline. Ben und Emma nicken begeistert.

Zum Mittagessen rufen die Erzieher die Kinder nach drinnen. Alle wünschen sich einen guten Appetit.

»Bei uns darf immer der oder die Jüngste anfangen«, sagt Rosi und schiebt die Schüssel mit den Nudeln rüber zu Max und Pauline.

Max lacht. »Aber wir haben am selben Tag Geburtstag!«

Da bringt der Koch eine zweite Schöpfkelle und steckt sie in die Nudelschüssel. »Dann dürft ihr beide zuerst nehmen.«

Nach dem Essen gibt Christoph Max und Pauline zwei Zahnbürsten.

»Neue Zahnbürsten besorgen immer wir«, erklärt der Erzieher freundlich.

Max und Pauline putzen sich die Zähne. Dann merkt Max, dass er mal Pipi muss. Und zwar ziemlich dringend.

»Die Klos sind hier!«, sagt Christoph.

Die niedrigen Klos im Kindergarten findet Max prima. Da baumeln seine Beine gar nicht, wenn er draufsitzt. »So eins möchte ich auch zu Hause haben«, sagt Max.

Christoph lacht. »Das wäre für dich praktisch. Aber für deine Eltern verflixt unbequem, oder?«

Vor der Mittagspause können Max und Pauline noch ein bisschen spielen. Max malt eine riesige Ritterburg. Mit vielen blauen Zick-zack-krickel-krackel-Zacken. Er ist gerade fertig, als Rosi zur Mittagspause ruft. Max legt das Bild schnell in sein Fach mit dem Kaninchen drauf.

In der Mittagspause legen sich alle Kinder auf die Matratzen im Ruhe-raum. Christoph liest eine Geschichte vor. Max gähnt und nimmt Kuschel fest in den Arm.

»Es war einmal eine zitronengelbe Prinzessin«, liest Christoph. Aber mehr hört Max nicht. Denn da ist er schon eingeschlafen.

»Max, aufwachen!« Max reibt sich die Augen. Er weiß zuerst gar nicht, wo er ist. Aber dann fällt ihm alles wieder ein: Er ist im Kindergarten.

Neben ihm sitzt Mama. »Komm, wir gehen nach Hause, mein großer Junge!«, sagt sie.

»Kommt nicht in Frage«, sagt Max. »Ich muss dir doch erst noch den Kindergarten zeigen!«

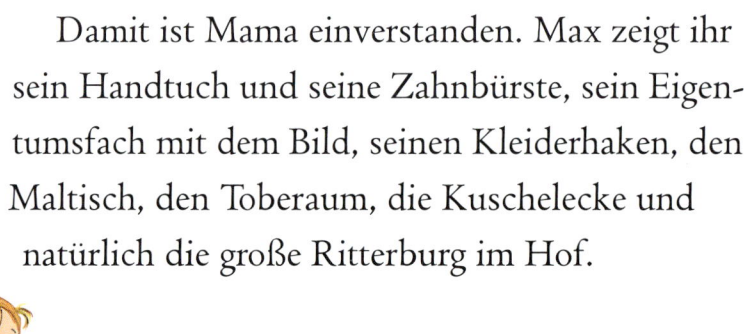

Damit ist Mama einverstanden. Max zeigt ihr sein Handtuch und seine Zahnbürste, sein Eigen-tumsfach mit dem Bild, seinen Kleiderhaken, den Maltisch, den Toberaum, die Kuschelecke und natürlich die große Ritterburg im Hof.

Bald ist Max so gut im Kindergarten eingewöhnt, dass er die Wochenenden gar nicht mehr so super findet. Denn am Samstag und am Sonntag ist der Kindergarten geschlossen.

Aber an einem Wochenende im Herbst macht der ganze Kindergarten einen Ausflug. Max, Pauline und Ben fahren mit den anderen Kindern und ihren Eltern in den Wald. Rosi und Christoph haben eine Schatzsuche vorbereitet. Die Kinder suchen Wollfäden und Pfeile im Wald. Denn diese Zeichen führen zum Schatz.

Plötzlich biegt der Weg um eine Ecke. Und vor ihnen liegt ... eine echte Ritterburg!

Im Burghof stehen Prinzessin Rosi und Ritter Christoph.

»Unseren Schatz werdet ihr niemals finden!«, sagt Christoph. Aber Max hat den Schatz schon entdeckt: eine Kiste voll Süßigkeiten!

»Supercool!«, rufen Max und Pauline und verteilen die Beute an alle.

Dominik und sein Lieblingsauto

Eine Geschichte von Luise Holthausen
Mit Bildern von Miriam Cordes

»Tatütata!« Das Polizeiauto rast die Straße entlang, vorbei an einer Schlange Autos, die im Stau stehen. Vorne an der Kreuzung ist ein Unfall passiert und da muss das Polizeiauto so schnell wie möglich hin. »Tatütata!«

»Ihr müsst jetzt aufräumen, Kinder«, unterbricht die Erzieherin Petra das Sirenengeheul von Dominik. »Danach machen wir zum Abschluss noch unseren Stuhlkreis.«

»Manno«, mault Dominik. Ist der Kindergartentag wirklich schon zu Ende? Er könnte noch ewig weiterspielen und am liebsten immer nur mit dem Polizeiauto.

Finn greift mit beiden Händen nach den Stauautos und wirft sie in die Spielzeugkiste. »Jetzt hilf schon mit«, beschwert er sich.

»Ja, ja«, sagt Dominik. Aber das Polizeiauto scheint an ihm festgeklebt zu sein. Er kann es einfach nicht in die Kiste räumen.

Zu Hause hat Dominik massenweise Autos. Wenn Oma und Opa zu Besuch kommen, bringen sie ihm immer eins mit, weil sie wissen, dass er am liebsten mit Autos spielt. Aber ein Polizeiauto war bei diesen Geschenken leider noch nicht dabei.

Dominik seufzt. Ohne Polizeiauto kann man doch gar nicht richtig Auto spielen, überlegt er. Wie soll man denn zum Beispiel einen Unfall aufnehmen ohne Polizeiauto? Wie soll man Verbrecher fangen ohne Polizeiauto? Wie soll man Autofahrer in Not retten oder entlaufene Tiere? Genau genommen kann man überhaupt nichts spielen ohne Polizeiauto.

Dominik schaut sich um. Die Kinder tragen gerade ihre Stühle in den Kreis. Petra dreht ihm den Rücken zu. Finn holt einen Rennwagen unter dem Regal hervor. Keiner kümmert sich um Dominik.

Und da passiert es einfach. Das Polizeiauto verschwindet in Dominiks Hosentasche. Wie von selbst schiebt seine Hand es da hinein.

Petra kommt noch einmal in die Spielecke. »Seid ihr so weit?«, fragt sie.

»Gleich«, schnauft Finn. Er dreht sich suchend um. »Wo ist jetzt das Polizeiauto?«

»Hab ich schon aufgeräumt«, kommt es aus Dominiks Mund. Und sein Herz klopft dabei ganz schnell.

»Was wollen wir denn noch zum Abschluss spielen?«, fragt Petra, als alle Kinder im Kreis sitzen.

»Mein rechter, rechter Platz ist frei«, ruft Sina.

»Ja! Ja!«, stimmen alle Kinder begeistert zu.

Alle außer Dominik. Der muss nämlich auf das Polizeiauto aufpassen. Wäre ja oberpeinlich, wenn ihm das aus Versehen aus der Hosentasche fiele!

Sina darf anfangen. Sie klopft auf den leeren Stuhl neben sich und sagt: »Mein rechter, rechter Platz ist frei, ich wünsche mir die Anne herbei.« Das war klar. Sina und Anne sind die allerdicksten Freundinnen.

Danach ist Svetlana dran. Sie wünscht sich Marie herbei. Murat wünscht sich Tom herbei. Alina wünscht sich Daniel herbei. Und so geht es immer weiter.

»Dominik!«, ruft Finn.

»Was?« Dominik fährt hoch, so dass er einen Moment glaubt, jetzt kracht ihm das Polizeiauto doch noch auf den Boden. Er presst die Hand an seine Hosentasche.

»Ich wünsche mir den Dominik herbei«, wiederholt Finn.

Die anderen Kinder kichern, weil Dominik nicht aufgepasst hat. Und dann kichern sie, weil Dominik sich so komisch krümmt, als er auf den Platz neben Finn schlüpft. Und dann kichern sie, weil ihm überhaupt nicht einfällt, wen er sich eigentlich herbeiwünschen soll, als sein rechter Platz frei ist.

Also irgendwie macht das Spiel heute keinen Spaß. Es macht sowieso keinen Spaß, ein Spiel zu spielen, wenn man gleichzeitig auf ein Polizeiauto in seiner Hosentasche aufpassen muss.

Und da gibt sich Dominik einen Ruck und fragt mit klopfendem Herzen: »Petra, darf ich mir das Polizeiauto ausleihen?«

Petra macht ein verdutztes Gesicht. Aber dann sagt sie: »Ja, das darfst du, Dominik. Ausnahmsweise, weil du das Auto nicht einfach so mitgenommen, sondern gefragt hast. Aber du musst es morgen bestimmt wieder mitbringen.«

Dominik fühlt sich auf einmal ganz leicht. Sein Herz hämmert nicht mehr so laut gegen seine Brust. »Ganz bestimmt«, versichert er.

Später holt Papa ihn vom Kindergarten ab, und da ist Dominik so was von froh, dass er das Polizeiauto nicht einfach mitgenommen, sondern richtig ausgeliehen hat! Denn jetzt muss er das Auto nicht mehr in der Hosentasche verstecken, sondern er kann es Papa stolz zeigen. Und zu Hause muss er nicht heimlich, still und alleine damit spielen, sondern er kann mit Papa zusammen Unfälle bauen, Verbrecher jagen und Auto-fahrer in Not und entlaufene Tiere retten. Und dabei rast das Polizeiauto mit »Tatütata« durch die Straßen. Ganz laut und den ganzen Abend lang.

Mamas erster Kindergartentag

Eine Geschichte von Luise Holthausen
Mit Bildern von Miriam Cordes

Ricardos Bauch grummelt. Vor Freude oder vor Aufregung, so genau weiß Ricardo das nicht. Vielleicht auch wegen beidem. Jedenfalls rennt er lieber noch mal schnell aufs Klo. Heute ist nämlich sein erster Kindergartentag und da soll ja nichts in die Hose gehen.

Mama wartet im Flur auf ihn. Sie macht ein komisches Gesicht. Bestimmt hat Elena sie nachts wieder ein paarmal geweckt und jetzt ist sie müde. Elena ist ein Baby und kommt noch lange, lange nicht in den Kindergarten.

»Bist du fertig?«, fragt Mama. Sie hat ihre Jacke an und Elena auf dem Arm. »Können wir gehen?«

Ricardo nickt und knöpft sich die Hose zu. Mama will ihm helfen, die Schuhe anzuziehen, aber das kann er auch selber. Reinschlüpfen rechter Fuß, reinschlüpfen linker Fuß, Klettverschlüsse zumachen, fertig. Ist doch ganz einfach! Kindergartenkinder können so was.

»Prima«, lobt Mama. Aber sie macht immer noch ihr komisches Gesicht. Sie setzt Elena in den Kinderwagen und will Ricardo an der Hand nehmen, aber er zieht sie schnell weg. Große Jungs brauchen niemanden zum Händchenhalten.

»Es wird bestimmt schön für dich im Kindergarten«, sagt Mama.

Ricardo nickt. Klar wird es schön für ihn im Kindergarten.

»Du wirst bestimmt viele Freunde zum Spielen finden.«

Klar wird er viele Freunde zum Spielen finden.

»Und ich hole dich auch ganz bestimmt pünktlich wieder ab.«

Langsam wundert sich Ricardo über Mama. Klar wird sie ihn pünktlich wieder abholen. Warum auch nicht? Mama ist doch immer pünktlich.

»Mama, hat Elena heute Nacht viel geschrien?«, fragt Ricardo.

»Nur einmal«, antwortet Mama. »Aber da ist Papa aufgestanden und hat sich gekümmert. Damit ich an deinem ersten Kindergartentag so richtig ausgeschlafen bin, weißt du.« Sie lächelt Ricardo an, aber das sieht auch wieder so komisch aus. Als würde sie nur so tun, als ob sie lächelt. Dabei ist sie doch gar nicht müde. Das hat sie eben selbst gesagt.

Jetzt sind sie gleich am Kindergarten. Ricardo kann es kaum noch erwarten. Oh, wie er sich freut! Wie aufgeregt er ist! Sein Bauch grummelt schon wieder.

Mama aber wird mit jedem Schritt langsamer. Freut sie sich denn gar nicht? Ricardo schaut sie genau an. Und dann weiß er auf einmal, was mit ihr los ist: Mama hat auch ihren ersten Kindergartentag! Über den ersten Kindergartentag haben Ricardo und Papa und Mama vorher viel gesprochen. Dass alles neu ist und so. Dass man sich erst eingewöhnen muss. Und für Mama ist natürlich auch alles neu. Denn auf einmal ist Ricardo nicht mehr den ganzen Tag zu Hause und spielt mit ihr. Stattdessen muss sie ihn im Kindergarten abgeben und ihm »Tschüs« sagen und weggehen. Das ist nicht einfach. Darüber haben sie auch gesprochen. Da kann man schon mal traurig werden. »Trennungsschmerzen« sind das, hat Papa gesagt. Mama hat also jetzt bestimmt Trennungsschmerzen.

»Sei nicht traurig«, tröstet Ricardo sie und schiebt seine Hand in Mamas Hand. Zum Trösten können nämlich auch große Jungs Händchen halten. »Du hast doch noch Elena.«

Außerdem bleibt er heute nur eine Stunde im Kindergarten. Das haben sie so ausgemacht, wegen der Eingewöhnung. Mama darf ihn also bald wieder abholen.

»Ich erzähl dir auch alles vom Kindergarten.«

Da lächelt Mama. Und diesmal lächelt sie

richtig, mit strahlenden Augen. »Du hast ja so Recht, mein Großer«, sagt sie.

Als sie sich im Kindergarten zum Abschied umarmen, muss Ricardo doch ein paarmal schlucken. Er hat einen Kloß im Hals. Das sind bestimmt diese »Trennungsschmerzen«. Aber jetzt muss er tapfer sein, sonst wird Mama nur wieder traurig. »Tschüs«, sagt er und dann dreht er sich einfach um und geht mit der Erzieherin mit.

Zum Glück ist die Erzieherin nett. Sie zeigt ihm alles: die Garderobe, wo er seine Jacke und seine Kindergartentasche aufhängen kann, den Toberaum, wo man auf Matratzen hüpfen darf, und das Klo. Auf das muss Ricardo auch gleich, weil sein Bauch schon wieder ziemlich grummelt. Danach geht die Erzieherin mit ihm in den Gruppenraum zu den anderen Kindern und – wie schön! – zwei von ihnen kennt er schon: Martin, der ein paar Häuser neben ihm wohnt, und Alex, den er schon öfter auf dem Spielplatz getroffen hat. Die beiden bauen gerade an einer Riesenstadt aus Lego.

»Willst du mitmachen?«, fragt Martin, und dann kommt auch noch ein Mädchen dazu, das heißt Hannah. So bauen sie zu viert und Ricardos Bauch grummelt überhaupt nicht mehr.

Das Bauen macht so viel Spaß, dass die Stunde leider ganz schnell vorübergeht. Schon steht Mama in der Tür, um ihn wieder abzuholen. »Wie war dein erster Tag?«, fragt sie.

»Toll!« Ricardo strahlt. Er mag eigentlich gar nicht schon wieder gehen. Aber morgen ist ja auch noch ein Kindergartentag. Da darf er bestimmt schon länger bleiben.

»Und wie war dein erster Tag?«, fragt er Mama.

»Auch toll.« Mama lacht.

Und dann fassen sie sich an den Händen und gehen zusammen nach Hause.

Wieso ist Ricardos Mama traurig?

Eine Übernachtung im Kindergarten

Eine Geschichte von Jörg ten Voorde
Mit Bildern von Sven Leberer

»Hallo, Franzi! Hallo, Vicki!«, ruft Amelie. »Seht mal, mein neuer Schlaf-
sack.« Auch Franzi und Vicki haben ihre Schlafsäcke dabei.

Alle sind schrecklich aufgeregt, denn sie dürfen heute Nacht im Kindergarten schlafen. Sybille, die Erzieherin, hat gesagt:

»Wir wollen mal ein richtig schönes Winter-geh-nach-Haus-sonst-
schmeißen-wir-dich-raus-Fest feiern.«

»Seht!« Amelie zeigt auf das Gartentor. »Da kommen Hannes und
Ole!« Hannes ist Sybilles Mann und Ole ist ihr Hund.

Am Abend bauen die Mamas und Papas auf der Wiese eine Feuerstelle
für das Frühlingsfeuer. Michels Papa hat dafür viele Steine mitgebracht.
Bevor die Erwachsenen nach Hause gehen, schleppen sie noch die Steine
zur Wiese und legen sie zu einem großen Kreis. Als das Lagerfeuer endlich

brennt, gibt es Kartoffelsalat und Würstchen. Hannes sitzt auf einem großen Stein und spielt Gitarre. Amelie kann gar nicht mitsingen. Mmmmh, sie hat den Mund voll mit Wurststückchen und geröstetem Brot.

Sybille erzählt: »Früher, als die Omas und Opas von euren Omas und Opas noch gar nicht auf der Welt waren, wollten die Menschen mit Singen und Tanzen und Feuer den Winter vertreiben. Sie hatten noch keine Heizung. Als sie fanden, dass es nun schon lange genug Winter gewesen war, holten sie ihre Masken heraus und feierten ein Fest, um die warme Sonne herbeizulocken.«

»Nun setzt einmal eure Masken auf, die ihr heute Morgen gebastelt habt«, fährt Sybille fort. »Wir werden mächtig um das Feuer herumtanzen, um den Winter zu vertreiben.«

Amelie hat ihre Maske aus einer Papiertüte gebastelt. »Seht mal«, sagt sie. »Hier habe ich zwei große Löcher für die Augen reingeschnitten. Und ein klitzekleines für die Nase.«

»Huhuuuh!«, meint Sybille. »Da wird sich der Winter aber ganz schön erschrecken.«

»Der wird sich vor lauter Angst in die Hosen machen!«, ruft Amelie und saust mit Franzi und Vicki ums Lagerfeuer.

Auch Ole, der Hund, läuft bellend mit. So richtig laut hört man ihn nicht, die Kinder haben ihm Klopapier um den Kopf gewickelt.

»Ole muss doch auch eine Maske haben«, meint Michel. »Sonst hat er doch gar keinen Spaß an unserem Fest.«

»Wir machen jetzt den Winter-bist-du-auch-verschwunden?-Spaziergang durch den Wald«, ruft Hannes. »Bei eurem Geheule würde es mich doch sehr wundern, wenn wir auch nur ein Zipfelchen Winter irgendwo finden könnten.«

Hannes leuchtet mit einer großen Taschenlampe den Weg durch die dunkle Nacht. Amelie hält Franzi und Vicki fest an den Händen.

»**Igitt**«, quietscht Vicki auf einmal. »Mich hat der Winter angeschleckt!«

»Uhuuuh! Und mich hat er mit seiner kalten Schnauze angestupst«, heult Franzi. »Hannes, leuchte mal mit deiner Taschenlampe!«

Doch dann sehen sie, dass Ole neben ihnen hertrottet.

»Hihi, der Winter sieht ja aus wie Ole mit einem Klopapierkopf!«

Die Kinder müssen lachen, aber ein bisschen Angst haben sie doch noch. Beim Spazierengehen erzählt Hannes den Kindern Gespenstergeschichten und zieht dazu schaurige Grimassen.

Mit der Taschenlampe leuchtet er sich dabei ins Gesicht. So sieht er ganz unheimlich aus.

Amelie gruselt sich ein bisschen, aber das verrät sie nicht.

»Toll!«, ruft Amelie, als sie wieder zurück im Kindergarten sind. »Wir haben auch nicht das klitzekleinste Stück Winter gefunden.«

»Und überhaupt hat es schon richtig nach Frühling gerochen, so nach grünen Blättern und nach warmer Matsche.«

Die Kinder liegen in ihren Schlafsäcken auf der großen Turnmatratze.

»Ja«, murmelt Amelie müde, »so eine tolle Frühlingsnacht müssen wir jedes Jahr feiern.«

Stinki geht baden

Eine Geschichte von Tobias Bungter
Mit Bildern von Liliane Oser

Stinki war ein kleiner Waschbär, der sich niemals waschen wollte.

»Nein«, rief er, wenn er in die Nähe von Wasser kam, »ich wasch mich nicht, ich wasch mich nicht, ich wasch mich nicht!«

Eigentlich hieß Stinki gar nicht Stinki. Aber die anderen Tiere im Wald nannten ihn schon so lange Stinki, dass er seinen alten Namen vergessen hatte. Eine dicke Dreckkruste klebte in seinem Fell, unter der er kaum zu erkennen war. Fliegen summten den ganzen Tag um ihn herum und Stinki liebte das Geräusch, das sie machten. Die anderen Tiere mochten Stinki eigentlich ganz gern, aber zu nah wollten sie ihm nicht kommen, denn er duftete nicht gerade nach Veilchen.

Dem kleinen Waschbären war das recht, denn am liebsten war er allein mit seinen Fliegen. Er machte lange Spaziergänge und gruselte sich immer ein wenig, wenn er einen See, einen Fluss oder auch nur eine Pfütze sah. Wenn es regnete, suchte er sich so schnell wie möglich eine Höhle, damit kein einziger Regentropfen sein verfilztes Fell berührte.

Eines Tages, als Stinki wieder einmal im Wald spazieren ging, hörte er ein leises, erbärmliches Fiepsen.

»Was das wohl ist?«, fragte er sich und wünschte, die Fliegen würden ein wenig leiser summen, damit er hören konnte, was da gefiepst wurde. Neugierig wagte er sich ein paar Schritte näher heran. Jetzt konnte er hören, was das dünne Stimmchen rief: »Hilfe! Hilfe!«

Stinki beeilte sich. Er erschrak, als er sah, dass er schon fast am Ufer des Flusses war, der durch den Wald floss. Er erschrak noch mehr, als er ein kleines Mäuschen entdeckte, das sich im Wasser abstrampelte und fast unterging. »Hilfe!«, rief das Mäuschen.
»Ich kann nicht schwimmen!
Hil-blubb-blubb-fe!«

Stinki sah sich panisch um. Er war ganz allein. »Jemand muss dem Mäuschen helfen!«, schrie Stinki. »Irgendjemand! Schnell!«

Aber da war niemand. Da erinnerte sich Stinki, wie Emil das Eichhörnchen etwas von einer Waldolympiade erzählt hatte. Dort mussten all die anderen Tiere sein. Doch diese Erkenntnis half Stinki nicht, denn die Maus trieb immer weiter in die Mitte des Flusses.

»Hilfe! Hilfe!«

Stinki wusste, dass nur er das Mäuschen retten konnte. Und dafür musste er ins Wasser. Wasser! Dieses nasse Zeug, mit dem man sich wäscht! Er atmete tief ein, kniff die Augen zusammen, rannte los und sprang. Platsch! Er strampelte und prustete und schnaufte, aber da Waschbären gut schwimmen können, war er bald bei dem Mäuschen angelangt, das sich an sein Fell klammerte. Kurze Zeit später waren beide wieder am Ufer.

»Danke!«, sagte die Maus. »Du hast mich gerettet.«

Doch Stinki betrachtete entsetzt sein Fell und schüttelte sich. »Ich bin sauber!«, rief er. »Ich bin kein Stinki mehr.«

Die kleine Maus schnüffelte. »Warum solltest du Stinki heißen? Du stinkst gar nicht.«

Der Waschbär ließ den Kopf hängen. Wer war er jetzt, wenn er nicht mehr Stinki war?

Die Maus legte eine ihrer winzigen Pfoten auf seine Schulter. »Du hast

mir das Leben gerettet. Deshalb nenne ich dich jetzt Starki. Jedes Tier im Wald soll dich von nun an Starki nennen!«

Und genau so geschah es. Die Maus hatte viele Freunde, denen sie von Starki erzählte. Die wiederum erzählten es ihren Freunden und nach wenigen Tagen wussten alle Tiere, dass aus Stinki jetzt Starki geworden war.

»Starki!«, riefen sie, wenn sie den kleinen Waschbären sahen. »Willst du mit uns spielen?«

Starki sagte immer Ja. Sein Lieblingsspiel war, mitten im Fluss Purzelbäume zu machen. So war Starki immer ziemlich sauber und bald schon hatte er vergessen, dass er einmal Stinki geheißen hatte.

Ida und der freche Kater

Eine Geschichte von Sabine Ludwig
Mit Bildern von Miriam Cordes

Ida wacht auf und hat schlechte Laune.

Gleich wird ihre Mutter kommen und rufen: »Aufstehen, Idakind!« Danach muss Ida sich waschen und die Zähne putzen.

Natürlich kommt immer gerade dann ihr großer Bruder Max ins Bad und spritzt sie nass. Beim Frühstück wird ihre Mutter wie immer ungeduldig sagen: »Ida, trödle nicht so! Wir kommen sonst zu spät!«

An all das muss Ida denken, als sie an diesem Morgen aufwacht. Aber wenn man morgens so viel denken kann, stimmt etwas nicht.

Natürlich, heute ist Sonntag!

Ida wird ganz warm vor Freude. An keinem Morgen in der Woche ist es so schön still wie am Sonntag. Es ist eine schöne Stille. Keine, die Angst macht. Anders als die Stille in der Nacht, die Ida manchmal etwas unheimlich ist.

Jetzt hört Ida das leise Geräusch von Katzen-
pfoten in ihrem Zimmer. »Minka, Fritz!«, ruft Ida.
»Guten Morgen!«

Minka kriecht unter die Bettdecke und rollt
sich schnurrend zusammen. Nichts ist wunderbarer
als zwei Katzen im Bett, findet Ida. Sie liegt dann immer stocksteif da, um ihre Katzen nicht zu wecken. Aber
heute schläft Idas Arm ein. Kater Fritz liegt schwer darauf.

»Fritz, du bist zu dick!«, sagt Ida vorwurfsvoll und zieht den Arm weg.
Das Gleiche sagt auch Idas Mutter wenig später beim Frühstück.

»Ab heute bekommt Fritz nur noch die halbe Portion. Er sieht ja schon
aus wie ein Rollbraten!«

Darüber muss Ida lachen. Max beginnt gleich auszurechnen,
wie viel Geld die Familie sparen wird, wenn Fritz nur
noch die Hälfte frisst.

»Eine Dose Katzenfutter kostet einen Euro«,
sagt Max. »Zwei Dosen haben wir bisher jeden
Tag für Fritz gebraucht. Ab heute nur noch
eine. Wir sparen also 365 Euro im Jahr. Davon
kann ich mir ein Rennrad kaufen!«

Während Max von einem Rennrad träumt,
läuft Fritz in der Küche herum und miaut kläglich.

Als er seinen Kopf in Minkas Napf steckt, faucht Minka und schlägt ihn mit der Pfote. Dann frisst sie in Ruhe weiter.

»Was gibt es heute zu Mittag?«, fragt Max.

»Ein gebratenes Huhn«, sagt die Mutter.

»Prima. Wenn es so weit ist, könnt ihr mich ja rufen«, sagt Max und verschwindet in seinem Zimmer. Ida badet und wickelt ihre Puppe. Ihre Eltern lesen die Zeitung. Es ist wie jeden Sonntag. Wunderbar still, findet Ida.

Mittags jedoch ertönt plötzlich ein Schrei aus der Küche. Das hat es sonntags bisher noch nie gegeben.

»Das Huhn ist weg!«, ruft die Mutter.

Alle laufen zu ihr in die Küche. Sie steht vor dem offenen Kühlschrank und hält eine Schüssel in der Hand.

»Hier war es drin!«, sagt sie.

»Ich war es nicht«, meint Max. »Ich mag keine rohen Hühner.«

»Aber vielleicht hast du den Kühlschrank aufgelassen?«, fragt der Vater.

Max ist empört. »Ich bin doch kein Baby. So blöd ist höchstens Ida!« Ida weint. Der Vater schimpft. Max mault. Und die Mutter guckt in die leere Schüssel. Wo ist das Huhn? Überall wird gesucht. Im Bett, auf dem Schrank und unter dem Regal. Eins steht fest: Nur Fritz, der Vielfraß, kann das Huhn geraubt haben.

Max findet schließlich beide, den Kater und das Huhn. Vom Huhn ist allerdings nur noch das Gerippe übrig. Fritz hat seine Beute ins Badezimmer geschleppt, um sie dort ungestört zu verspeisen.

»Das war unser Sonntagsbraten!«, seufzt die Mutter.

»Ich möchte wirklich wissen, wer den Kühlschrank aufgelassen hat«, sagt der Vater. Diese Frage beschäftigt die ganze Familie.

Das Mittagessen – Eintopf aus der Dose – verläuft heute ungewöhnlich schweigsam. Ida hat das Gefühl, dass alle denken, sie sei es gewesen.

Nach dem Abräumen der Teller und dem Abwasch bleibt Ida alleine in der Küche zurück. Sie hat keine Lust zum Spielen. Mit dem Finger malt sie kleine Kreise auf den Küchentisch.

Minka kommt in die Küche und streicht Ida um die Beine. Fritz lässt sich nicht blicken. Aber dann schielt er doch vorsichtig um die Ecke. Als er sieht, dass die Küche bis auf Ida leer ist, läuft er hinein. Schritt für Schritt nähert sich der Kater dem Kühlschrank. Er bleibt davor stehen, richtet sich halb auf und zerrt mit den Pfoten an der Tür. Die springt sofort auf! Fritz schaut neugierig hinein. Ida wagt kaum zu atmen.

Erst als Fritz nach der Salami angelt, ruft Ida laut: »Mama, Papa, Max! Kommt schnell!«

Max stürmt als Erster in die Küche. »Was ist los?«, fragt er.

Ida zeigt zum Kühlschrank. »Fritz hat den Kühlschrank aufgemacht!« Aber der Kater hat sich natürlich längst aus dem Staub gemacht. Allerdings ohne die Salami.

»Du spinnst mal wieder«, sagt Max und zeigt Ida einen Vogel. »Katzen können keine Türen öffnen.«

»Aber ich habe es doch gesehen«, beteuert Ida.

»Ida hat Recht«, sagt da der Vater mit einem Blick auf den Kühlschrank. »Fritz hat mit seinen Krallen die Gummidichtung der Tür zerfetzt. Seht ihr?«

Während Max und der Vater einen Riegel am Kühlschrank anbringen, kämmt Ida ihre Puppe und ist sehr stolz auf sich. Ein Detektiv hätte den Fall nicht besser lösen können.

Noch nicht mal Max.

Das neue Mädchen

Eine Geschichte von Luise Holthausen
Mit Bildern von Miriam Cordes

Mieke setzt gerade mit Lea ein Katzenpuzzle zusammen, als Dagmar, die Erzieherin, mit dem neuen Mädchen in den Gruppenraum kommt.

»Das ist Amelie, sie hat heute ihren ersten Tag im Kindergarten«, sagt sie. »Kümmert ihr euch ein bisschen um sie?«

Mieke nickt und schaut zu Lea hinüber. Lea nickt auch. Klar machen sie das. Sie kennen sich ja hier im Kindergarten gut aus. Sie können Amelie jede Ecke, jeden Winkel zeigen. Und sie können mit ihr spielen, denn als Neue hat Amelie vielleicht noch keine Freunde. Amelie sieht aus wie ein Vögelchen, das aus dem Nest gefallen ist. Ihre Augen sind gerötet. Ob sie geweint hat?

»Willst du mit uns zusammen puzzeln?«, fragt Mieke.

Amelie schaut etwas ratlos und sagt nichts.

»Unser Puzzle ist zu schwer für sie«, sagt Lea. Das stimmt. Amelie ist noch klein und für das Katzenpuzzle muss man schon ein bisschen groß

sein. Extra für Amelie holt Mieke also ein anderes Puzzle aus dem Regal, eins mit großen Puzzleteilen aus Holz.

Aber Amelie reibt sich nur die Augen und sagt immer noch nichts.

»Sie will gar nicht puzzeln«, meint Lea.

»Willst du Lego bauen?«, fragt Mieke. »Puppen spielen? Malen?«

Amelie hebt die Schultern und lässt sie ratlos wieder sinken.

»Die kann gar nicht sprechen«, vermutet Lea.

Aber als Mieke und Lea nachher Tierarzt spielen und ein Teddy kommt in ihre Sprechstunde, der dringend operiert werden muss, da sagt Amelie auf einmal: »Zu Hause hab ich auch so einen Teddy.« Sie kann also doch sprechen.

»Willst du auch mal operieren?«, fragt Mieke.

Amelie nickt und Mieke holt noch schnell einen Affen und ein Pferd, damit sie die auch in ihrer Sprechstunde behandeln können.

Am nächsten Tag sieht Amelie nicht mehr aus wie ein Vögelchen, das aus dem Nest gefallen ist, sondern einfach nur wie ein ganz normales kleines Mädchen. Sie will mit Mieke und Lea Bauernhof spielen und manchmal lacht sie sogar dabei.

»Das ist wirklich toll, wie ihr euch um Amelie kümmert«, sagt Dagmar und das macht Mieke stolz.

Aber am dritten Tag kommt Mieke erst später in den Kindergarten, weil sie zuerst mit Mama zum Kinderarzt muss. Der will wissen, wie groß sie ist und wie viel sie wiegt und ob sie gesund ist, und all das dauert natürlich ein bisschen. Deshalb spielen schon alle draußen, als Mieke endlich im Kindergarten ankommt, und Lea und Amelie sitzen auf den beiden Schaukeln und lachen miteinander.

Als sie das sieht und hört, da sticht etwas in Miekes Brust. Richtig doll sticht es. Sie muss erst einmal tief atmen und dann muss sie schlucken. Dann erst kann sie zu den beiden hingehen.

»Komm, wir bauen eine Ritterburg im Sand«, schlägt sie Lea vor.

»Nein«, antwortet Lea und schwingt sich mit der Schaukel höher. »Ich will noch mit Amelie schaukeln.«

Da sticht es wieder. Noch viel doller als vorher sticht es. Es sticht sogar so doll, dass Mieke zu Amelie gehen und ihre Schaukel anschubsen muss.

»Nicht so hoch!«, schreit Amelie.

Aber Mieke muss noch viel fester schubsen. Bis Amelie anfängt zu weinen und Dagmar angelaufen kommt.

»Siehst du denn nicht, dass Amelie gleich von der Schaukel fällt?«, schimpft sie. Sie nimmt Mieke an der Hand und setzt sie neben sich auf die Bank, während die anderen Kinder weiterspielen dürfen. »Warum hast du die arme Amelie denn so geärgert?«, will Dagmar wissen.

Mieke presst nur die Lippen zusammen. Amelie ist überhaupt nicht arm. Die tut nur so. Die tut so, als sei sie ein hilfloses Vögelchen, und kaum kümmert man sich ein bisschen um sie, schnappt sie einem die beste Freundin weg. Das ist gemein.

Später, als Lea nicht mehr mit Amelie schaukelt und Mieke auch nicht mehr auf der Bank sitzen muss, fragt Lea sie: »Spielst du mit uns Fangen?«

Aber Mieke will nicht etwas spielen, bei dem die gemeine Amelie auch wieder mitspielt, und deshalb faucht sie: »Nee, Fangen spielen ist doch so was von blöde.«

»Nee«, faucht Lea zurück. »Du bist so was von blöde.« Sie rennt weg und spielt mit Amelie alleine Fangen. Mieke baut stattdessen mit Johannes und Simon die Ritterburg im Sandkasten. Aber immer wenn sie zu Mieke und Lea hinüberschielt und sieht, wie die beiden zusammen spielen und ohne sie Spaß haben, da sticht es wieder so in ihr. Ihre Ritter stürmen dann jedes Mal besonders wild auf die Burg los und werfen besonders wild die anderen Ritter um.

»Du spinnst wohl«, regt sich Johannes auf, als bei einem besonders wilden Kampf die halbe Burg zu Bruch geht.

»Du spinnst selber, du Blödi«, schreit Mieke und haut auch noch die andere Hälfte der Burg um.

»Ich glaube, heute ist nicht so dein Tag, Mieke«, seufzt Dagmar, was auch immer das heißen mag, und dann muss Mieke schon wieder neben ihr auf der Bank sitzen. Diesmal bis zum Mittagessen. Das ist eine ganz schön lange Zeit.

Während Mieke so auf der Bank sitzt und hin und her rutscht und irgendwann vor lauter Langeweile die Wolken am Himmel anstarrt, rennt Amelie beim Fangenspielen immer um ihre Bank herum. Schließlich stoppt sie und bleibt direkt vor Mieke stehen.

»Musst du noch lange hier sitzen?«, fragt sie.

Mieke starrt immer noch zu den Wolken hinauf. Eine sieht aus wie ein Dinosaurier.

»Zu zweit Fangen spielen ist doof«, sagt Amelie.

»Na und?«, knurrt Mieke. Alleine neben einer Erzieherin auf der Bank sitzen ist auch doof.

Amelie setzt sich neben sie und schaut mit ihr zusammen in den Himmel. »Was guckst du da?«, will sie wissen. »Was ist da oben?«

»Wolken sind da oben«, knurrt Mieke.

»Ja!«, ruft Amelie und strahlt. »Da ist eine Dino-Wolke!«

Mieke schaut sie von der Seite an. Amelie hüpft vor Freude auf der Bank auf und ab. Im Augenblick sieht sie eigentlich nicht so besonders gemein aus. »Wir können ja Wolken raten machen«, sagt sie.

»Ich will auch!«, ruft Lea und drängelt sich neben sie. Da müssen sie ganz schön zusammenrutschen, denn nun wird es richtig eng auf der Bank. Aber sie passen gerade so hin, alle drei nebeneinander. Lea rechts, Amelie links und Mieke in der Mitte. Und zu dritt macht ja vielleicht doch alles dreimal so viel Spaß. Teddys operieren, Fangen spielen, Wolken raten oder sogar bis zum Mittagessen auf der Bank sitzen müssen.

Wieso ist Mieke sauer?

Jule darf auch mal wütend sein

Eine Geschichte von Anna Wagenhoff
Mit Bildern von Sigrid Leberer

Die Sonne scheint schon hell ins Zimmer, als Jule heute aufwacht.

»Hurra! So ein schöner Tag!«, denkt sie. »Bestimmt darf ich meinen neuen Rock anziehen!«

Aber dann geht auf einmal alles schief. Beim Aufstehen stolpert Jule über eine Spielfigur auf dem Boden.

»Autsch!«, ruft sie und reibt sich den Fuß. Ärgerlich verzieht sie das Gesicht und geht ins Badezimmer. Da muss sie sich schon wieder ärgern: Ihre Zahnpasta ist leer. Jetzt muss sie die von Mama und Papa nehmen, die so scharf ist. Igitt! Mit einem lauten Rumms knallt Jule die Tür zu. Und dann verbietet ihr Mama auch noch den schönen neuen Rock anzuziehen. »Dafür ist es heute noch zu kalt«, sagt sie. Jule mault und jammert, aber es

hilft nichts. Sie muss eine Hose anziehen. Ausgerechnet die Jeans mit dem ollen Flicken am Knie.

Im Kindergarten geht es direkt weiter: Als Jule ankommt, ist ihre Lieblings-Spielecke besetzt. Die großen Kinder aus der Vorschulgruppe spielen schon mit dem Kaufladen. Jule schaut ihnen eine Weile zu. Dann traut sie sich und fragt: »Darf ich mitspielen?« Aber die Großen schütteln die Köpfe. »Nein! Dafür bist du viel zu klein!«

Jule ärgert sich. In ihrem Bauch fängt es richtig an zu brodeln. Aber sie schluckt den Ärger herunter, dreht sich um und streckt den Großen nur heimlich die Zunge raus.

Jule macht sich auf die Suche nach ihrer Freundin. Aber Lotta ist krank, sagt die Erzieherin Eva. Auch das noch! Was soll Jule jetzt machen?

»Darf ich nach draußen gehen und schaukeln?«, fragt sie schließlich.

»Noch nicht«, sagt Eva. »Wir gehen später alle zusammen raus. Bleib doch bei uns in der Kuschelecke. Ich lese eine Geschichte vor.« Aber Jule brummt: »Das Buch kenne ich schon.

Das ist oberlangweilig!« Mit gesenktem Kopf trottet Jule davon. »So ein blöder Tag!«, denkt sie.

Trotzig geht sie in die Bauecke und beginnt einen Turm zu bauen. Höher und höher stapelt sie die Bausteine aufeinander. Jule hat ihren Ärger dabei schon fast vergessen, doch plötzlich fällt der Turm mit einem riesengroßen Krrrrach zusammen.

Da ärgert sich Jule wieder. Sie ärgert sich so sehr, dass sie wütend ist. Schrecklich wütend. Auf die Bausteine, auf die anderen Kinder und ein bisschen auch auf sich selbst. Jule merkt, dass sie vor Wut fast platzt. Ihr Herz schlägt viel schneller als sonst. Es rumort und brodelt in ihrem Bauch.

Eva hat den Krach gehört. Schnell kommt sie in die Bauecke. »Jule, was ist los?«

Aber Jule fuchtelt nur wild mit den Armen und stampft mit den Füßen. »Lass mich!«, ruft sie und schubst Eva weg. Jule schimpft und tobt noch eine Weile vor sich hin. Eva wartet ab, bis Jule ruhiger wird.

»Möchtest du mir erzählen, was dich so wütend macht?«, fragt sie schließlich. Aber auf einmal ist die Wut wie weggeblasen. Jetzt tut es Jule schrecklich leid. Die anderen Kinder schauen ganz ängstlich zu ihr herüber.

»Bestimmt mögen die mich jetzt nicht mehr«, denkt sie. »Und Eva auch nicht.« Aber die Erzieherin nimmt Jule einfach in den Arm. Da erzählt sie Eva alles. Wie blöd der Tag angefangen hat und wie er immer blöder wurde. Eva nickt verständnisvoll. Dann erklärt sie Jule, dass eben nicht immer alles so läuft, wie man es gern möchte. »Trotzig oder wütend zu sein hilft dann nicht wirklich weiter«, sagt Eva. »Besser ist es, sich eine andere Lösung auszudenken.«

Jule überlegt einen Moment. »Aber was macht man, wenn die Wut so groß ist, dass man gar nicht mehr denken kann?«

»Ja, das kommt vor«, sagt Eva. »Manchmal ist man einfach wütend. Und dann muss man die Wut rauslassen. Aber dabei darf man anderen nicht wehtun.«

Jule wird rot. Aber diesmal nicht vor Wut. »Es tut mir leid, dass ich dich geschubst habe«, flüstert sie.

»Entschuldigung angenommen«, sagt Eva lächelnd. »Und zum Glück hast du niemanden mit Bauklötzen getroffen. Das hätte ins Auge gehen können.«

53

Jule nickt. Und dann überlegt sie sich, was sie das nächste Mal machen könnte, wenn sie wütend ist:

Die Wut in ein Kissen boxen.

Die Wut in den Boden stampfen.

Die Wut laut herausbrüllen.

Tief Luft holen und sich danach entschuldigen.

Jule ist froh, als Mama sie vom Kindergarten abholt. »Spielst du was mit mir?«, fragt Jule, als sie zu Hause sind.

Mama nickt. »Ja, gleich, ich muss nur noch kurz telefonieren.«

Jule holt schon mal das Spiel und baut die Figuren auf. »Fertig!«, ruft sie.

Aber Mama telefoniert immer noch. Jule wartet und wartet. »Mamaaa!«, ruft sie ungeduldig. »Komm jetzt!« Jule wird schon wieder wütend. Am liebsten möchte sie das Spiel in die Ecke werfen. Aber dann denkt sie daran, was sie heute im Kindergarten mit Eva besprochen hat. Jule nimmt ein Kissen vom Bett und boxt kräftig hinein.

Da steckt Mama vorsichtig den Kopf durch die Tür. »Huch, was ist das denn für ein Boxkämpfer hier? Wo steckt denn meine kleine Jule?«

Jule brummt: »Wir wollten doch spielen.« Aber da muss sie doch ein bisschen kichern. Die Wut ist zum Glück schon fast verflogen.

»Es hat länger gedauert, entschuldige bitte«, sagt Mama. »Aber jetzt können wir spielen.« Doch Jule hat eine bessere Idee: Zusammen mit Mama bastelt sie ein Wut-Warnschild für ihre Kinderzimmertür. Die Vorderseite zeigt ein fröhliches Gesicht, die Rückseite ein wütendes. So weiß jeder, wie Jule sich gerade fühlt und ob sie lieber in Ruhe gelassen werden möchte. Und irgendwie ist der blöde Tag dann doch noch ganz schön geworden, findet Jule.

Alte Freunde, neue Freunde

Eine Geschichte von Julia Breitenöder
Mit Bildern von Julia Hammerle

»Kann ich heute zu dir kommen?« Wie jeden Morgen stellt Mia ihre
Sandalen unter die Bank und schlüpft in ihre rosa Hausschuhe mit den
Blumen – die gleichen, die Anne auch gerade anzieht. Die haben sie
gemeinsam im Schuhgeschäft ausgesucht. Aber anders als sonst springt
Anne nicht gleich auf und schreit: »Ja, klar kommst du zu mir!«
Stattdessen bleibt sie auf der Bank sitzen, einen Fuß im Hausschuh,
einen im Socken, und starrt auf den Boden.

   Leise murmelt sie: »Geht nicht.«

   »Warum denn nicht?« Mia wundert sich.
Schließlich spielen sie fast jeden Tag zusammen,
außer wenn eine krank ist oder in Urlaub fährt.

   »Ich geh zu Lianes Geburtstagsfeier.«
Anne spricht so leise, dass Mia sie fast nicht
versteht. Aber sie muss sich sowieso verhört

haben. Zu Liane? Das kann nicht sein. Anne hat bestimmt etwas anderes gesagt. Mit Liane spielen sie nie! Die finden sie eingebildet und blöd! Aber Anne starrt immer noch auf den Boden.

»Wieso das denn?«, fragt Mia.

Anne zuckt mit den Schultern. »Sie hat mich eingeladen. Und weil sie immer von ihren tollen Spielsachen erzählt ... Ich will das mal sehen.« Jetzt guckt sie hoch. Mit einem Wag-es-ja-nicht-etwas-dagegen-zu-sagen-Blick.

Aber Mia muss etwas sagen, sie fühlt sich, als hätte Anne sie ganz fest in den Bauch geboxt. »Wir wollten doch nie mit der blöden Kuh spielen!«

»So blöd ist sie gar nicht.« Anne steht auf und kramt etwas aus ihrer Tasche. Etwas rosa Glitzerndes. »Sie hat mir ein Diamant-Einhorn geschenkt.«

»Wenn du mit der spielst, bist du auch blöd!«, faucht Mia.

Anne schlüpft in den zweiten Schuh und geht in den Frühstücksraum, ohne sich nach Mia umzudrehen.

Mia weiß nicht, was sie machen soll. Sie möchte schreien, heulen, Anne ihre Wut ins Gesicht brüllen und Liane gegens Schienbein treten. Aber sie geht nur zum Frühstück, wo Anne schon neben Liane sitzt und sie nicht einmal anguckt.

So lange hat es noch nie gedauert, bis der Kindergarten aus war.

»Spielst du heute nicht mit Anne?«, fragt Mama.

Mia schüttelt den Kopf und trottet in den Garten.

Mama ruft noch »Habt ihr euch gestritten?« hinter Mia her, aber die hebt nur die Schultern. Warum geht Anne lieber zu Liane? Und warum hat Liane sie nicht eingeladen und ihr ein Glitzer-Einhorn geschenkt? Sie lässt sich auf die Wiese fallen und rupft mit beiden Händen Grashalme aus. Plötzlich trifft sie etwas am Kopf.

»Autsch!« Mia reibt sich die Stirn. Am Zaun steht Finn von nebenan mit seinem Blasrohr. Die Nervensäge hat ihr gerade noch gefehlt.

»Willst du meine neue Schaukel sehen?«

Mia tut so, als würde sie nichts hören. Finn ärgert sie und Anne bei jeder Gelegenheit.

Aber Anne ist nicht hier und Finn gibt nicht auf. Er feuert noch drei Papierkügelchen auf sie ab. Genervt ruft er noch: »Komm halt rüber!«, und wendet sich dann wieder seiner neuen Schaukel zu.

Mia steht auf. Schaukeln ist vielleicht lustiger als Grasrupfen.

Finn hat nicht nur eine neue Schaukel, sein Vater baut ihm auch ein Baumhaus. Mia darf mithelfen, Bretter halten und sogar Nägel einschlagen. Und irgendwie ist Finn heute gar nicht so blöd. Mia kann richtig gut mit ihm reden. Und lachen.

»Kommst du morgen wieder?«, fragt er, als Mias Mama sie zum Abendessen ruft. Mia nickt. Und was, wenn Anne morgen wieder mit ihr spielt?

»Kann ich eine Freundin mitbringen?«, fragt sie. »Oder zwei?« Vielleicht ist Liane ja doch ganz nett, so wie Finn. Sie muss Anne unbedingt fragen, wie der Geburtstag war. Und von dem Baumhaus erzählen.

»Von mir aus«, sagt Finn.

Mia winkt. »Bis morgen!«

Kaum zu glauben, dass der Tag nach diesem blöden Vormittag doch noch so gut geworden ist.

Warum war Mia sauer auf Liane?

Als das Spielzeug spielen wollte

Eine Geschichte von Luise Holthausen
Mit Bildern von Miriam Cordes

Weißt du eigentlich, was das Spielzeug im Kindergarten bei Nacht macht? Wenn alles aufgeräumt ist, alle Kinder abgeholt wurden und alle Erzieherinnen nach Hause gegangen sind? Wahrscheinlich hast du gedacht, dann liegt das Spielzeug still in seinen Kisten, Schubladen und Regalen herum und wartet darauf, dass der nächste Tag kommt. Aber weit gefehlt! Nachts ist im Kindergarten nämlich einiges los, und wie es dazu kam, das will ich dir erzählen.

Eines Abends, kaum hatte sich der Schlüssel im Schloss gedreht und die Spielsachen waren unter sich, da beschwerte sich die Lokomotive: »Die Kinder hatten so eine schöne Gleisstrecke gebaut, aber ich durfte kaum drauf fahren.«

»Ich musste die ganze Zeit in einer Legogarage herumstehen«, brummelte der große schwere Holzlaster.

»Wir sind beim Aufräumen trotzdem wieder in der Kiste gelandet. Wie jeden Abend«, beklagten sich die Legosteine.

»Was sollen wir da erst sagen«, seufzten die Puppen traurig. »Wir wurden heute kein einziges Mal aus unserem Puppenwagen herausgeholt.«

»Und wir sollten ein richtig großer Turm werden, aber ein paar von den Kindern haben uns einfach umgestoßen!«, riefen die Bauklötze im Chor.

»Hört mit dem Gejammer auf«, brummte der Kuschelbär dazwischen. »Wir haben doch die ganze Nacht vor uns. Wir können alles das tun, was wir schon immer mal tun wollten.«

Einen Augenblick lang schwiegen alle verblüfft. Dann sagte die Lokomotive: »Eigentlich hast du Recht.« Und die anderen Spielsachen stimmten ein: »Du hast Recht! Du hast Recht, Kuschelbär!«

»Also nichts wie raus aus der Kiste!«, riefen die Legosteine und sprangen auf den Teppich. Nun gab es kein Halten mehr. Eisenbahn, Bauklötze, Autos, Puppen,

Kuscheltiere, ja sogar Stifte, Spielgeld, Spielkarten und Würfel, alles, alles wuselte durcheinander. Und das war noch nicht alles: Die Gleise setzten sich selbst zusammen und die Lokomotive raste so schnell durch die Kurven, dass sie aus den Schienen sprang. Aber das machte nichts, denn dann brauste sie einfach auf dem Teppichboden weiter. Die Autos lieferten sich ein Wettrennen nach dem anderen und jedes durfte einmal gewinnen, sogar der große schwere Holzlaster. Die Bauklötze stapelten sich zu dem höchsten Turm, den es je im Kindergarten gegeben hatte, und die Legosteine bauten nacheinander eine Stadt, eine Burg und einen Hafen. Die Puppen gingen erst im ganzen Kindergarten spazieren und anschließend setzten sie sich mit den Kuscheltieren an den Tisch und spielten mit ihnen Karten.

So verging die Nacht, und erst als ein Sonnenstrahl durchs Fenster schimmerte, wurden die Spielsachen aufmerksam. Der Kuschelbär rief: »Es ist schon Tag. Gleich kommen die Kinder!« Da sprangen Gleise, Legosteine und Bauklötze zurück in ihre Kisten, die Puppen kletterten in ihren Puppenwagen, Stifte, Spielgeld, Spielkarten und Würfel verschwanden in ihren Schubladen und die Kuscheltiere legten sich in ihre Kuschelecke. Und als sich der Schlüssel im Schloss drehte und die erste Erzieherin hereinkam, da war von dem nächtlichen Spiel nichts mehr zu sehen.

Doch halt – wenn man ganz genau hinschaute, dann konnte man doch etwas sehen: Die Lokomotive war vor Aufregung in die falsche Kiste gesprungen und lag nun zwischen lauter Bauklötzen.

Wenn du also mal morgens in den Kindergarten kommst und nicht alles liegt dort, wo es hingehört, dann weißt du jetzt, warum das so ist: Dann wollte das Spielzeug nachts mal wieder nicht nur still herumliegen und auf den Tag warten, sondern spielen!

Was passiert wohl nachts in deinem Kindergarten?

Flori und Jule können Freunde sein

Eine Geschichte von Luise Holthausen
Mit Bildern von Miriam Cordes

Flori hat einen kleinen und einen großen Bruder. Der kleine Bruder heißt Lukas und nervt meistens, weil er immer genau das machen möchte, was Flori macht. Dabei ist er erst ein Jahr alt und kann noch nicht mal richtig laufen. Und Flori ist drei Jahre alt und kann sogar schon um den Häuserblock rennen.

Floris großer Bruder Jonas dagegen nervt überhaupt nicht. Der ist schon sechs Jahre alt und trotzdem noch nett. Wenn seine Kindergartenfreunde zu Besuch sind und sie draußen auf der Wiese Fußball spielen, darf Flori sogar manchmal mitkicken. Immer dann, wenn ihnen ein Torwart fehlt. Flori ist nämlich ein richtig guter Torwart und hält in jedem Spiel mindestens zwei Bälle.

Seit ein paar Tagen geht Flori nun auch in den Kindergarten. Das ist toll. Das hat er sich schon so lange gewünscht. Und das Tollste daran ist: Flori gehört, genau wie Jonas, zur Bärengruppe. Im Kindergarten gibt es nämlich drei Gruppen: die Bärengruppe, die Igelgruppe und die Mäusegruppe. Normalerweise gehen Geschwister im Kindergarten nicht in dieselbe Gruppe, aber nur in der Bärengruppe war ein Platz für Flori frei. Da hat er richtig Glück gehabt!

»Du hast dich schnell bei uns eingewöhnt«, sagt Antje, die Erzieherin, und strubbelt Flori durchs Haar. »Superschnell. Im Rekordtempo. Nach drei Tagen bleibst du schon bis zum Mittagessen. Klasse!«

Flori strahlt. Aber es ist ja auch so schön im Kindergarten. Morgens beim Stuhlkreis, wenn er neben Jonas sitzt, da singen sie immer ein Morgenlied. Und später packen sie zusammen ihr Frühstück aus und beim Mittagessen sitzen sie auch nebeneinander. Und dazwischen haben sie

viel Zeit zum Spielen. Manchmal machen sie mit den anderen im Stuhlkreis ein Spiel. Oder sie malen und basteln alle zusammen und dann kann
er Jonas fragen, ob er ihm beim Ausschneiden hilft. Oder sie haben freies
Spiel und dann kann er mit Jonas in die Bauecke gehen und was bauen.

Heute will Jonas mit seinen Kindergartenfreunden draußen Fußball
spielen. »Dürfen wir?«, fragt er.

Antje nickt. »Aber bleibt auf der Wiese vor dem Fenster«, sagt sie noch.
»Damit ich euch sehen kann.«

»Juhu!« Jonas schnappt sich den Ball und rennt zur Garderobe, um
seine Schuhe und seine Jacke anzuziehen. »Juhu!«
Seine Freunde rennen hinterher. Flori will auch
»Juhu« rufen und hinterher, aber da hält ihn eine
Hand fest.

»Wo willst du denn hin?«, fragt Antje.

»Raus«, stößt Flori hervor. Er hat es doch
eilig! »Kicken.« Er zerrt an Antjes Hand.
Aber Antje lässt ihn nicht los.

»Nein, das geht nicht. Alleine raus
dürfen nur die großen Kinder, die schon
lange im Kindergarten sind und bald in
die Schule kommen. Du bist erst seit
ein paar Tagen da. Du darfst das noch nicht.«

Er darf nicht raus? Er darf nicht mit Jonas Fußball spielen? Aber wer soll denn dann Torwart sein? Und vor allem: Was soll Flori im Gruppenraum machen, so ganz ohne Jonas?

»Ich will aber!«, schreit er. Er schreit so laut, dass die anderen Kinder alle zu ihm rüberschauen.

Antje schreit nicht. Sie bleibt ganz ruhig. Und sie sagt immer dasselbe: »Nein, das geht nicht.«

Flori schreit auch immer dasselbe: »Ich will, ich will, ich will!«

Dann fängt er an zu weinen. Jetzt starren die anderen Kinder. Mit riesig großen Augen.

Antje will ihn in den Arm nehmen, aber Flori stößt sie weg. Antje ist so blöd! Antje ist so ungerecht! Und von einer, die so blöd und ungerecht ist, will er sich nicht in den Arm nehmen und trösten lassen.

»Ich will nach Hause!«, schreit Flori.

Aber das geht auch nicht, denn zu Hause ist niemand. Papa ist arbeiten und Mama ist arbeiten und Lukas ist bei der Tagesmutter.

»Willst du dich vielleicht in die Kuschelecke legen?«, fragt Antje und streicht ihm tröstend über den Kopf.

Flori stößt auch ihre Hand weg. Aber in die Kuschelecke geht er doch. Er schmeißt sich auf die Matratze und tobt dort weiter. Er weint und weint. Erst vor Wut. Dann, weil er so traurig ist. Er kann und kann einfach nicht aufhören damit.

Nach einer Weile merkt er, dass er nicht allein in der Kuschelecke ist. Jule sitzt neben ihm. In der einen Hand hält sie eine Puppe und in der anderen Hand einen Teddy. Jule ist auch noch ziemlich neu. Sie ist am selben Tag in die Bärengruppe gekommen wie er.

»Warum weinst du so?«, will sie wissen.

»Geh weg«, schluchzt Flori. »Lass mich in Ruhe.«

Aber Jule geht nicht weg. Sie bewegt die Puppe und den Teddy und murmelt dabei vor sich hin.

»Was machst du da?«, flüstert Flori mit tränenerstickter Stimme.

»Ich spiele Vater, Mutter, Kind«, erklärt Jule. »Der Teddy ist der Vater und die Puppe ist die Mutter.«

Flori wischt sich die Tränen aus den Augen. Ein paar tropfen noch nach. Er schaut auf die Stofftiere, die in der Kuschelecke liegen, dann zieht er entschlossen einen Löwen zu sich heran.

»Das ist das Kind«, sagt er. »Das heißt Flori. Wie ich.«

Jule nimmt schnell einen Hund. »Und das Kind hier heißt Jule. Wie ich.«

»Das geht nicht«, widerspricht Flori. »Die können nicht wie du und ich heißen. Der Löwe und der Hund sind Geschwister. Aber wir beide sind doch gar keine Geschwister.«

Jule macht ein nachdenkliches Gesicht. Aber dann hat sie einen Einfall und strahlt. »Dann sind die beiden eben Freunde.«

Flori überlegt und nickt. Klar, das geht natürlich! Der Löwe und der Hund, Flori und Jule können Freunde sein. Bis zum Mittag spielen sie so miteinander. Und Flori vergisst darüber sogar Jonas und das Fußball-spielen.

Wieso ist Flori sauer?

Die Butterbrotbande

Eine Geschichte von Margit Auer
Mit Bildern von Ina Worms

In den Ferien ist es manchmal ganz schön langweilig. Carla hatte geschlafen, so lang sie konnte. Sie hatte ihren Teddybären gebadet und ihn an die Wäscheleine gehängt. Da baumelte er nun in der Morgensonne und winkte ihr zu. Carla holte ihre Kreide, setzte sich auf den Balkonboden, fing an zu malen und sang dabei leise »Am Weihnachtsbaum die Lichter brennen«, was für August natürlich sehr unpassend war.

Das dachte auch Ronnie, der auf dem Nachbarbalkon stand und mit der Steinschleuder auf Mülltonnen schoss.

»Du Mistkröte aus der Marktgasse 5, kannst du nicht leiser singen?«, rief er und beugte sich weit über das Geländer.

»Du Stinkekäfer aus der Nummer 7, kannst du nicht die armen Mülltonnen in Ruhe lassen?«, antwortete Carla und sang, so laut sie konnte: »Oh ja, sie brennen hell und klar.«

Da nahm Ronnie eine eingeschrumpelte alte Kastanie und zielte.

Wutsch! Die Kastanie traf die Wäscheklammer. Die Wäscheklammer fiel zu Boden und der Teddy segelte in die Tiefe. Er fiel und fiel – und landete genau in dem Wasserfass im Hinterhof.

»Du verdammter Läusebiber, das wirst du mir büßen«, schrie Carla und rannte nach unten. Sie fischte ihren armen Teddybären aus dem Wasserfass, drückte ihn fest an sich – und stutzte.

Im Erdgeschoss hatte Bäckermeister Huber seine Backstube. Meistens stand das Fenster offen. Carla und Ronnie grüßten Bäckermeister Huber immer sehr freundlich. Denn wenn man den Bäckermeister freundlich grüßte, steckte er einem manchmal eine Rosinenschnecke zu. Carla starrte durch das offen stehende Fenster und rief so leise wie möglich: »Ronnie, kannst du mal kommen?«

Ronnie musste gespürt haben, dass die Lage ernst war. Er sauste

die Treppen hinunter, blickte durchs Fenster – und sah Carla unsicher an. Bäckermeister Huber saß am anderen Ende der Backstube wie ein Häufchen Elend auf einem Stuhl und hatte seinen Kopf in beide Hände gestützt.

»Herr Huber, was hast du denn? Ist alles in Ordnung?«, fragte Carla besorgt. Bäckermeister Huber zuckte zusammen. Vorsichtig kletterten die beiden Kinder in die Backstube.

Herr Huber guckte betrübt. »Diebe haben mein Butterbrot geklaut! Das Brot war ganz frisch, die Rinde so knusprig und obendrauf lag leckerer Käse. Ich hatte es auf den weißen Porzellanteller gelegt und vorne auf den Tisch gestellt. Gerade eben wollte ich mich hinsetzen – aber da war der Teller leer!«

»Wer macht denn so was?«, rief Carla empört.

Bäckermeister Huber schüttelte ratlos den Kopf und seufzte. »Ich weiß es auch nicht. Na ja, dann muss ich wohl eine Rosinenschnecke essen. Wollt ihr eine?«

»Zwei«, sagte Ronnie.

Da lachte Herr Huber, drückte jedem Kind ein Gebäckstück in die Hand und schob sie in Richtung der Tür. »Ab mit euch, ich muss jetzt weiterarbeiten.«

Carla warf einen letzten Blick zurück auf den Tatort: Ganz einsam stand der weiße Porzellanteller auf dem Tisch. Einsam und leer.

»Holst du jetzt die Polizei?«, fragte Ronnie den Bäckermeister.

»Nein«, lachte Herr Huber. »Wegen eines Butterbrots kommen die bestimmt nicht.«

»Ich kümmere mich um den Dieb«, versprach Carla.

»WIR kümmern uns drum«, verbesserte Ronnie sie.

Die beiden Kinder sahen sich an. Sie konnten sich nicht leiden. Aber jetzt ging es darum, ein Verbrechen aufzuklären. Butterbrot-Diebe fangen, das ging zu zweit viel besser als alleine und so machten sich Ronnie und Carla an die Arbeit. Zuerst suchten sie nach Spuren. Dann befragten sie die Nachbarn, vielleicht gab es ja Zeugen? Sie krochen übers Pflaster, um nach Brotkrümeln zu suchen. Sie fragten in der Eisdiele, ob zufällig Butterbrot-Diebe vorbeigekommen waren. Leider hatten sie damit wenig Erfolg. Bis jetzt gab es noch keine Spur.

Weiter zum Spielplatz!

Am Zaun parkten zwei Fahrzeuge. Ein kleines Kinder-Polizeiauto mit schwarzen Gummirädern und ein Fahrrad. Sie gehörten Tim und Emmi, die im Sandkasten spielten.

»Perfekt, um die Butterbrot-Diebe zu jagen«, fand Ronnie. »Habt ihr Lust zu helfen?«

Darauf hatten Tim und Emmi große Lust. Jetzt waren sie schon zu viert!

Tim drehte am Gashebel seines Polizeiautos. Carla durfte bei Emmi auf dem Fahrrad mitfahren und Ronnie rannte nebenher. Das machte Spaß! Ronnie rief fröhlich: »Wir sind die Butterbrotbande!« Die anderen stimmten begeistert zu und gemeinsam flitzten sie durch die Nachbarschaft. Als es Mittagszeit wurde, machte sich die Butterbrotbande auf den Heimweg.

»Wir geben dem Bäckermeister kurz Bescheid, dass wir an dem Fall dranbleiben«, sagte Ronnie mit wichtiger Miene.

So machten sie es.

Vor der Bäckerei saß ein kleiner Hund. Er wedelte fröhlich mit dem Schwanz.

Als sie die Ladentür öffneten, sprang er auf, quetschte sich durch den Spalt, hüpfte auf den Tisch und leckte mit seiner Zunge über den weißen Porzellanteller, der noch immer auf dem Tischchen in der Backstube stand. Er erwischte nur einen Krümel und jaulte traurig.

Der Butterbrot-Dieb war – ein kleiner Hund! Da mussten Carla, Ronnie, Tim und Emmi laut lachen. Sie hatten ihren ersten Fall gelöst!

Die Butterbrotbande beschloss, sich am Nachmittag wieder zum Spielen zu treffen. Vielleicht wartete ja dann schon ein neuer Fall auf sie.

»Bis später, Stinkmorchel«, verabschiedete sich Carla von Ronnie.

»Bis dann, Pupskartoffel«, antwortete Ronnie.

Was für eine Bande würdest du gründen?

Henrikes allergrößter Wunsch

Eine Geschichte von Barbara Rose
Mit Bildern von Miriam Cordes

»Papa?« Henrike bohrt ihre Zehen in den sonnenwarmen, weichen Sand. »Weißt du, was ich mir wünsche?«

Papa nickt. »Ja. Weiß ich, Henrike.«

»Weißt du auch, dass ich es mir ganz furchtbar doll wünsche?«

Papa nickt noch einmal. »Weiß ich auch.« Er wuschelt seiner Tochter übers Haar. »Du wünschst es dir jetzt schon seit zehn Tagen. Aber ich fürchte, mein Schatz, dass dein Wunsch nicht in Erfüllung gehen wird. Heute ist unser letzter Tag am Meer. Und es ist schon Abend.«

Glutrot versinkt die Sonne am Horizont. Als sie verschwunden ist, sieht der Himmel aus wie eine Zuckerbäcker-Streifentorte in Pastellfarben: Hellblau, darunter Rosa, dann Zitronengelb.

Henrike seufzt. »Menno. Ole und Anika haben auch schon einen gesehen. Anika sogar zwei! Nur ich habe noch nicht einen winzig kleinen Delfin gesehen. Das ist gemein!«

Papa wirft einen flachen Stein ins Meer. »Da kann man nun mal nichts machen. Nicht alle Wünsche gehen in Erfüllung. Das wäre ja auch schlimm. Stell dir mal vor, wie es wäre, wenn man keinen Wunsch mehr offen hat. Dann ist das Leben doch ziemlich langweilig.«

»Pah«, macht Henrike da nur. Papa versteht mich nicht, denkt sie. Kein Wunder, der hat ja auch alles. Wie soll er da wissen, wie es ist, wenn man sich etwas so sehr wünscht wie Henrike. Genervt lässt sie sich rücklings in den Puderzuckersand plumpsen. Ihr Blick richtet sich auf den Himmel, der inzwischen dunkelblau mit goldenen Tupfen ist. »Guck mal, Papa, so viele Sterne!«

Papa legt sich neben Henrike. »Das sieht toll aus!«

Henrike greift nach Papas Hand. Ganz fest umschließt die große Papahand ihre kleine Kinderfaust. Gemeinsam liegen sie da und blinzeln nach oben. Im Hintergrund rauscht das Meer. Sanft brechen sich die Wellen am Ufer.

»Sieh mal, Henrike«, ruft Papa plötzlich. »Eine Sternschnuppe.«

»Wo denn?« Henrike sucht mit den Augen den ganzen Himmel ab, aber sie kann nichts entdecken.

»Schade, jetzt ist sie weg. Weißt du eigentlich, dass man sich etwas wünschen darf, wenn man eine Sternschnuppe sieht? Den Wunsch darf man allerdings nicht erzählen, sonst erfüllt er sich nicht«, erklärt Papa.

»Oh nein, und ich habe sie nicht gesehen.« Henrikes Augen füllen sich mit Tränen.

»Nicht schlimm«, beruhigt Papa seine Tochter. »Wo eine Sternschnuppe ist, sind sicher noch mehr. Wir müssen nur Geduld haben.«

Lange liegen sie da und starren in den Himmel. Sehr lange. Zumindest kommt es Henrike so vor. Als sie schon beinahe nicht mehr daran glaubt, passiert es. In weiter Ferne sieht sie einen leuchtenden Streifen, der immer näher gleitet.

»Eine Sternschnuppe!« Henrike deutet nach oben. »Ich sehe eine Sternschnuppe.«

»Los, schnell die Augen zu und wünschen«, sagt Papa.

Beide setzen sich aufrecht hin und kneifen ihre Augen so fest zu, dass es schon fast wehtut.

»Aufmachen«, fordert Papa. »Was du dir gewünscht hast, darfst du nicht verraten, denn sonst ...«

»Papa«, unterbricht Henrike. »Schau mal. Dahinten.«

Ihre Stimme ist rau vor Aufregung. »Ganz weit dahinten, draußen im Meer.«

Gebannt blickt Papa in die Ferne. Und da sieht er es auch! Im hellen Licht des Vollmondes springen Delfine durchs glitzernde Wasser. Sie bewegen sich immer näher aufs Ufer zu. Einer, zwei, drei, eine ganze Gruppe! Sie schwimmen und springen einmal von rechts nach links, dann wieder von links nach rechts. Gerade so, als wollten sie unbedingt, dass Henrike und Papa sie sehen.

»Delfine!« Henrike staunt.

Auch Papa ist derart beeindruckt, dass ihm beinahe die Luft wegbleibt. Hand in Hand stehen sie am Ufer und sehen den Delfinen so lange nach, bis sie in der Weite des Meeres verschwunden sind.

Henrike holt tief Luft. »Das war schön!«

Papa legt ihr den Arm um die Schultern. »Hattest du dir das von der Sternschnuppe gewünscht?«

Henrike lacht. »Aber, Papa, das darf ich doch nicht verraten!«

Wie wäre es, wenn alle Wünsche in Erfüllung gingen?

Miris Abenteuerreise

Eine Geschichte von Luise Holthausen
Mit Bildern von Annika Sauerborn

Miri sitzt in ihrem Schmollwinkel im Kleiderschrank. Das ist alles so ungerecht! Als Mama heute von der Arbeit kam, hat sie gesagt, dass sie nicht morgen, sondern erst in ein paar Tagen in den Bauernhofurlaub fahren können. Mama hat vorher noch irgendwas Blödes im Büro zu tun.

Aber Miri will jetzt sofort verreisen! Und solange das nicht geht, wird sie in ihrem Schmollwinkel bleiben. Das hat Mama dann eben davon!

Die Schranktür bewegt sich. »Was machst du da?«, will ihr Bruder Luca wissen.

»Geh weg«, knurrt Miri.

»Versteckst du dich?«

»Geht dich gar nichts an!«

»Vor Einbrechern oder vor wilden Tieren?«, fragt Luca weiter. Jetzt krabbelt auch er in den Schrank. Zu zweit ist es ziemlich eng in Miris Schmollwinkel.

Eine Hose baumelt in Lucas Gesicht, vorsichtig schiebt er sie beiseite. »Mann, hier gibt es ja lauter Schlingpflanzen!«

Miri schaut sich um. Da baumelt ihr Sommerkleidchen am Bügel. Ihr Anorak. Ihre Regenjacke. Stimmt, lauter Schlingpflanzen!

»Wir sind im Urwald«, sagt sie aufgeregt. »Hörst du die Tiger?«

Luca grollt zur Antwort: »Grrrrr.«

Miri sitzt auf einmal ganz aufrecht. »Wir müssen uns in Sicherheit bringen!«

Sie winden sich zwischen den Schlingpflanzen hindurch. Das ist ganz schön gefährlich! Von oben fällt Miri etwas auf den Kopf, ein Palmwedel wahrscheinlich, der aussieht wie ein Handtuch. Und dann poltert es lautstark, als Luca mit dem Fuß gegen die Winterstiefel tritt – das war bestimmt ein Elefant!

Endlich sind sie aus dem Urwald heraus und gelangen in die weite Steppe. Blau und flauschig wie der Kinderzimmerteppich liegt sie vor ihnen. Damit kein gefährliches Tier sie entdeckt, robben Miri und Luca auf dem Bauch darüber hinweg. Bis sie an den Rand der Steppe kommen, denn da –

»Da ist ein reißender Fluss!«, ruft Luca und deutet auf den Streifen Parkett.

Wie sollen sie nur an das andere Ufer kommen? Aber Miri hat eine Idee. Sie holt den großen Pappkarton, in dem heute Morgen ihre Puppen gewohnt haben, und dreht ihn um. »Wir rudern mit unserem Boot.«

Luca findet noch zwei Kochlöffel in der Puppenküche und dann hocken sie sich zusammen in das Boot und rudern mit den Löffeln los. Das Boot ist eng und schwankt, sobald sie sich auch nur ein bisschen bewegen.

»Die Wellen sind so hoch«, ächzt Luca.

»Wir schaffen das!« Miri rudert verbissen. Aber das Boot wankt hin und her auf dem reißenden Fluss. Es neigt sich gefährlich zur Seite und **platsch,** landen sie im Wasser. Mit beiden Händen klammert Miri sich am Teppichufer fest. Luca schafft es, sich mit einem Sprung an Land zu retten, und kann Miri helfen.

Irgendwo klappert es. Luca flüstert: »Eine Klapperschlange!«

Sie robben weiter übers Land. Hinter einer unüberwindlichen Wand ragen die Küchenmöbel wie ein Gebirge auf. Miri und Luca kriechen zu

einer Felstür und linsen hindurch. Die Schlange steht in der Küche und klappert mit Geschirr. Auf einem Teller liegen ein paar Kekse!

Wieder grollt es. Diesmal ist es kein Tiger, sondern Miris Magen. »Jetzt!«, zischt sie.

Gemeinsam stürzen sie los, schnappen sich jeder eine Handvoll Kekse und flüchten mit ihrer Beute hinter die Felswand, über den Fluss, durch die Steppe bis in ihre Urwaldhöhle. Das Lachen der Klapperschlange folgt ihnen.

»Puh, das war knapp«, schnauft Luca und knabbert an einem Keks.

Miri nickt. So spannend ist es ja nicht mal auf dem Bauernhof!

»Und wohin reisen wir jetzt?«, fragt sie.

Lupita auf Schafjagd

Eine Geschichte von Tobias Bungter
Mit Bildern von Liliane Oser

Mitten in einem kalten Winter gebar eine Wolfsdame vier Welpen. Es waren drei starke Jungen, die sie Lobo, Farkasch und Ulv nannte, und ein zierliches Mädchen, das den Namen Lupita erhielt. Die vier Wölflein machten es sich in ihrer Wolfshöhle gemütlich, kuschelten sich in das Fell ihrer Mutter und tranken Milch an ihren Zitzen.

Doch Lupita wurde es bald langweilig. »Milch, immer nur Milch«, sagte sie, denn Wölfe können schon kurz nach der Geburt die Wolfssprache sprechen. »Ich möchte etwas anderes essen. Ich möchte die Welt sehen und nicht immer nur in dieser doofen Höhle bleiben!«

»Das geht nicht, Lupita«, sagte die Wolfsmutter geduldig. »Du bist noch ein kleiner Welpe. Welpen trinken Milch. Erst wenn du groß bist und richtige Zähne hast, kannst du etwas anderes essen.«

»Was kann ich dann essen?«

Der Wolfsvater, der gerade von der Jagd gekommen war, antwortete auf diese Frage. »Am saftigsten sind die Schafe auf der Heide«, erklärte er. »Aber die Jagd auf Schafe ist sehr gefährlich. Die Menschen passen auf sie auf und Menschen sind unsere größten Feinde.«

»Ich will ein Schaf essen!«, verkündete Lupita. Ihre Brüder kicherten und tranken weiter ihre Milch.

»Ihr werdet schon sehen«, knurrte Lupita.

Ihre Mutter schüttelte den Kopf. »Da musst du noch lange, lange warten. Falls du überhaupt jemals in die Nähe von Schafen gelangen wirst. Und jetzt trink deine Milch, wenn du groß und stark werden möchtest.«

Ihr werdet schon sehen, dachte Lupita.

Als es Tag wurde und die anderen Wölfe fest in der Höhle schnarchten, denn Wölfe schlafen am Tag und jagen in der Nacht, schlich sich Lupita nach draußen. Oh, war das kalt! Und wie groß war die Welt! Aber sie tapste weiter. Doch bald fing es an zu schneien. Lupita lief und lief und hatte keine Ahnung mehr, wo sie war. Als sie schon dachte, sie müsste bald erfrieren, traf sie ein Tier mit weichem, wuscheligem Fell. Ohne nachzudenken kuschelte sie sich hinein. Wie warm das war!

»Nanu«, sagte das Tier, »wer bist denn du?«

»Ich heiße Lupita. Ich bin ein Wolf!«

»Oh, dann muss ich ja Angst vor dir haben.«

»Warum?«

»Weil ich ein Schaf bin.«

»Du bist ein Schaf? Dann will ich dich fressen!«

»Nur zu!«, sagte das Schaf.

Lupita biss zu. Aber sie bekam nur etwas Wolle ins Maul und das Schaf lachte. »Du musst wohl warten, bis du Zähne hast.«

»Ich kann nicht mehr warten. Ich habe solchen Hunger!«

»Du kannst etwas Milch von mir haben«, sagte das Schaf. »Du musst sie dir allerdings mit meinen Lämmchen teilen.«

Bah, dachte Lupita, *schon wieder Milch!* Aber da sie solchen Hunger hatte, nuckelte sie gemeinsam mit einigen Lämmchen an den Schafszitzen. Bei solchem Hunger war sogar Schafsmilch lecker.

Das Schaf versteckte Lupita in seinem Fell und gab ihr Milch, bis es wieder wärmer wurde.

»Jetzt bist du kräftig genug«, sagte es nach einigen Tagen. »Lauf zurück in deinen Wolfsbau, kleine Lupita!«

In der Nacht schaffte Lupita es, in den Wolfsbau zurückzufinden. Ihre Familie hatte sich riesige Sorgen gemacht.

»Wo warst du?«, fragte der Vater. »Was hast du gegessen?«

»Ich war bei den Schafen und habe ein paar von ihnen aufgegessen«, sagte Lupita.

»Stimmt ja gar nicht!«, riefen ihre Brüder.

Doch die Mutter bemerkte die Schafwolle, die an Lupitas Lippen klebte. »Sie war wirklich bei den Schafen.«

Später, als die Eltern schliefen, wollten Lobo, Farkasch und Ulv alles über Lupitas Abenteuer wissen.

»Eins sage ich euch«, meinte Lupita, »nichts auf der Welt schmeckt so eklig wie Schaf. Versprecht mir, dass ihr das nie im Leben probieren werdet!«

Die Brüder versprachen es. Und Lupita schlief mit einem Lächeln ein, denn sie wusste, dass ihre neuen Freunde jetzt in Sicherheit waren.

Wieso sagt Lupita, sie hätte ein Schaf gegessen?

Nils im Stadion

Eine Geschichte von Luise Holthausen
Mit Bildern von Eva Czerwenka

Bald beginnt das Spiel. Vor dem Stadion brodelt es. Nils greift nach Papas Hand, damit er ihn nicht verliert. So viele Fußballfans drängen sich an den Eingängen! Sie tragen Schals und Trikots mit den Nummern ihrer Lieblingsspieler. Auch Nils hat ein Trikot an. »11 Nils«, steht auf der Rückseite. Und vorne prangt in großen Buchstaben: »Torschützenkönig«.

Aufgeregt schaut Nils sich in dem Menschengewühl um.

»Papa, wohin müssen wir jetzt?«, fragt er.

»Zum Süd-Eingang, dort werden wir abgeholt«, antwortet Papa und schiebt sich mit Nils zwischen den Fans hindurch.

Da kommt ein grauhaariger Mann auf sie zu. »Hallo, bist du Nils?« Nils nickt. Der Mann schüttelt erst ihm, dann Papa die Hand. »Ich bin Anton Haas, der Zeugwart.« Er grinst. »Oder besser, das Mädchen für alles. Ich hab gehört, du bist in der letzten Saison Torschützenkönig der F-Jugend geworden.«

»Ja, ich hab einundzwanzig Tore geschossen«, erzählt Nils stolz. »Und darum darf ich heute ins Stadion.«

»Deswegen bin ich hier«, erklärt Herr Haas. »Ich bring dich zu deinem Ehrenplatz in der ersten Reihe.«

Nils strahlt. Erste Reihe, da sitzt er ja ganz nah bei den Spielern. Vor allem ganz nah bei Kevin Kowalski! Sein Herz klopft schneller. Kevin ist sein großes Vorbild. Letztes Jahr hat der noch in der A-Jugend seines Vereins gespielt. Da war er Torschützenkönig, genau wie Nils jetzt. Und dann wurde Kevin zu den Profis geholt. Obwohl er erst neunzehn Jahre alt ist! Nils will es später auch zu den Profis schaffen. Das hat er sich fest vorgenommen.

Herr Haas führt Nils und Papa zu ihren Ehrenplätzen. Gerade liest der Stadionsprecher die Aufstellung der Startelf vor: »Mit der Nummer 11 Kevin ...«

»Kowalski!«, brüllen die Zuschauer.

»Hast du das gehört, Papa?« Vor Aufregung hüpft Nils auf seinem Sitz auf und ab. »Kevin darf zum ersten Mal von Anfang an spielen.«

Und das ausgerechnet heute, wo Nils dabei ist. Wenn das kein gutes Zeichen ist! Vielleicht schießt Kevin sogar ein Tor?

Anpfiff. Es geht los. Lautstark feuern die Fans ihre Mannschaft an. Das Spiel wogt hin und her. Mal läuft es für die Blauen besser, mal für die Roten, aber es fällt kein Tor. Kevin ist nur selten im Ballbesitz. Als er auch noch einen Fehlpass spielt und der Ball beim Gegner landet, beginnen einige Zuschauer zu pfeifen.

»Auspfeifen ist gemein!«, ruft Nils.

Aber die Fehlpässe der Blauen häufen sich. Ärgerlich schaut Nils zu Papa. »Das ist nur wegen der blöden Fans!«

Da geht ein Aufstöhnen durch die Menge.

»Tor!«, jubeln die Roten.

Nils zuckt zusammen und schaut schnell wieder aufs Spielfeld. Der Ball liegt im Netz. Aber im falschen. Es steht 0:1. Und er hat es nicht mitgekriegt! Weil er einen Moment nicht hingeschaut hat. Zum Glück wird auf der großen Videoleinwand eine Wiederholung gezeigt.

Kurz darauf pfeift der Schiedsrichter ab. Halbzeit. Mit hängenden Köpfen trotten die Blauen vom Feld. »Oje, hoffentlich schimpft der Trainer in der Kabine nicht so doll«, sagt Nils mitleidig.

»Er wird vor allem versuchen, die Spieler wieder aufzumuntern«, meint Papa.

Da würde Nils ja zu gerne zuhören. Aber außer Trainer und Spielern

darf leider niemand in die Kabine. Allenfalls noch Herr Haas, der Zeugwart, der sich um Trikots, Fußballschuhe und Getränke kümmert.

Aber der Trainer scheint die richtigen Worte gefunden zu haben, denn
in der zweiten Halbzeit sind die Blauen wie verwandelt. Sie kämpfen um
jeden Ball und erarbeiten sich eine Menge Torchancen. Bei einem Freistoß
schafft der Kapitän schließlich den Ausgleich. Da stehen endlich auch die
Fans wieder voll hinter ihrer Mannschaft.

»Ko-wal-ski«, brüllen sie, als Kevin über links außen nach
vorne stürmt.

Jetzt ist er genau auf ihrer Höhe. Nils schreit mit: »Kevin, Kevin!«

Ein Roter sprintet auf ihn zu und grätscht den Ball ins Aus. In hohem
Bogen fliegt er über die Bande, genau auf Nils zu. Der springt mit aus-
gestreckten Armen hoch. »Ich hab ihn!«, jubelt er.

Der Schiedsrichter gibt Einwurf für die Blauen. Kevin schaut sich
suchend um. Nils holt tief Luft und wirft ihm den Ball zu. Ein Glück,
er hat gut gezielt! Kevin fängt den Ball locker auf und wirft ihn einem

anderen Blauen zu. Der nimmt ihn an und stürmt sofort Richtung Tor. Bevor zwei Rote ihn in die Zange nehmen können, flankt er auf Kevin und der köpft den Ball über den gegnerischen Torwart hinweg ins Netz. Sofort verwandelt sich das Stadion in ein Fahnenmeer. Nils jubelt mit. Kevin hat sie in Führung geschossen!

Der Stadionsprecher ruft: »Das 2 : 1 durch unseren Kevin …«, und die Zuschauer ergänzen: »Kowalski!«

Danach versuchen die Roten zwar alles, um das Blatt noch mal zu wenden, aber die Blauen lassen sie nicht mehr zum Zug kommen. Es bleibt beim 2:1.

Nach dem Schlusspfiff verschwinden die Roten schnell in der Kabine, aber Kevin und seine Teamkollegen bedanken sich noch mit einer Ehrenrunde bei den Fans für die Unterstützung.

»Das war toll!« Auch als die Spieler längst den Platz verlassen haben, kann Nils sich noch nicht trennen.

Da taucht Herr Haas wieder auf. »Komm mit, ich habe eine Überraschung für dich«, sagt er geheimnisvoll.

Neugierig folgt Nils ihm zusammen mit Papa durch die Katakomben des Stadions. Es wimmelt von Fotografen, Presse und Vereinsleuten. Von irgendwoher ertönen »Olé-olé«-Rufe und »So sehen Sieger aus«. Dann öffnet Herr Haas eine Tür und zieht Nils mit sich. Jubelgesänge schallen ihnen entgegen. Überwältigt schaut Nils sich um. Er steht in der Spielerkabine, mitten unter den Profis! Kevin Kowalski kommt auf ihn zu und drückt ihm einen Ball in die Hand. Alle Spieler haben darauf unterschrieben.

»Für dich!«, verkündet Kevin feierlich.

Sprachlos drückt Nils den Ball an sich. Mit dem hat Kevin das Siegtor geschossen! Und ein bisschen, so ein klitzekleines bisschen hat er selbst bei diesem Tor ja auch mitgeholfen.

Wer ist dein Fußballstar?

Futz und Wutz

Eine Geschichte von Tobias Bungter
Mit Bildern von Liliane Oser

Tief im Wald lebte einmal ein kleiner Fuchs, der alles konnte, was ein Fuchs können muss: Spuren erschnüffeln, durch das Unterholz schleichen und dem Bauern ab und zu ein Huhn stehlen. Nur eines konnte er nicht: den Laut K aussprechen. Er machte einfach ein T daraus. Statt Kuckuck sagte er Tutut, statt Kakadu Tatadu und statt Kohlkopf Tohltopf. Besuchte er also den Luchs, sagte er: »Hallo, Lutz! Hier ist der Futz. Tommst du mit zur trummen Tiefer? Der alte Tauz hat Tuchen gebatten.«

Der Luchs kam gerne mit zur krummen Kiefer, um den Kuchen zu probieren, den der alte Kauz gebacken hatte. Dass er heimlich in sich hineingrinste, bemerkte der kleine Fuchs nicht.

Doch eines Tages, als er wieder einmal übte, Spuren zu erschnüffeln und durch das Unterholz zu schleichen, sah er die anderen Tiere des Waldes, wie sie auf einer Lichtung saßen und sich kaputtlachten.

»Gib mir noch eine Tastanie.«

»Dante!«

»Stoß dir nicht den Topf an dieser Tante!«

»Welche Tante?«

»Ich meine doch die Kante.«

Wieder lachten die Tiere, und dann sangen sie: »Dieser Futz, dieser Futz ist ein echter Nichtsnutz!«

Da wurde der kleine Fuchs sehr traurig. Und immer wenn er traurig wurde, wurde er auch hungrig. Er lief schnurstracks zum Bauernhof und wollte sich dort ein Huhn stehlen. Dabei war es noch nicht einmal dunkel und deswegen sehr gefährlich.

»Soll der Bauer mich doch erwischen«, dachte er bei sich. »Dann holt er sein Schießgewehr, und wenn ich dann nicht mehr da bin, dann lachen die anderen nicht mehr über mich. Dann wird es ihnen leidtun, dass sie sich so gemein über mich lustig gemacht haben.«

Er war so mit seinen Gedanken beschäftigt, dass er fast mit einem merkwürdigen Tier zusammengestoßen wäre, das aus einem Stall gerannt kam. Was war das für ein Wesen? So ein Tier hatte er im Wald noch nie gesehen. Es war quietschrosa und hatte außer ein paar Borsten kein Fell.

»Wer bist denn du?«, fragte er.

»Ich bin das Schweinchen der Extraklasse Nepomuk von Grimmelshausen der Zweite. Aber ich habe keine Zeit, mit dir zu reden, denn ich bin auf der Flucht.«

»Vor wem fliehst du?«

»Die anderen Tiere im Bauernhof lachen über mich. Sie nennen mich immer nur Wutz. Bin ich etwa ein stinknormales Grunzeschwein? Nein. Ich bin von adliger Abstammung und überhaupt nicht zum Lachen. Aber jetzt laufe ich weg, und wenn ich nicht mehr da bin, wird es ihnen leidtun.«

»Ich bin aus dem Wald weggelaufen, denn die Tiere dort nennen mich immer Futz, dabei bin ich doch der kleine Futz.«

»Aha«, sagte das kleine Schweinchen etwas verwirrt. In diesem Augenblick schlich die Hofkatze um die Ecke und miaute laut. So laut, dass es der Bauer hören musste.

»Die Tatze!«, rief der kleine Fuchs.

»Nichts wie weg«, quiekte das Schweinchen.

Gemeinsam rannten die beiden Tiere vom Hof, überquerten den großen Rübenacker, hasteten durch das Roggenfeld und verschwanden hinter den grünen Hügeln.

Erst Jahre später hörten die Tiere im Wald und auf dem Bauernhof wieder von ihnen. Futz und Wutz waren inzwischen nach Amerika ausgewandert. Dort wurden sie von einem berühmten Filmregisseur entdeckt, in Hollywood unter Vertrag genommen und bekamen ihre eigene Fernsehserie. Abends, wenn der Bauer vor dem Fernseher saß, schlichen sich die anderen Tiere ans Fenster und sahen zu. Und da tat es ihnen schon ein wenig leid, dass sie sich über die beiden lustig gemacht hatten.

Wieso gehen Futz und Wutz nach Amerika?

Rosalie will singen

Eine Geschichte von Julia Breitenöder
Mit Bildern von Marion Elitez

Auf der Wiese am Waldrand probt der Feen-Chor. Hell klingen die Lieder durch die Luft, alle Bewohner von Wald und Wiese lauschen den zauberhaften Melodien.

Nur die kleine Blumenfee Rosalie sitzt unter einem Busch und schluchzt. Dicke Tränen kullern über ihr Gesicht.

»Was ist passiert? Hast du dir wehgetan?«, fragt der Zauberer Marius, der im Baumstumpf wohnt und sich von dem Geheule gestört fühlt.

Rosalie zieht die Nase hoch und wischt sich übers Gesicht. »Ich ... ich ... wollte heute mitsingen«, stammelt sie. »Im ... im Chor. Da ... damit ich beim Wettsingen am Teich dabei sein kann.«

»Und warum weinst du dann hier, wenn die anderen dort singen?«, fragt Marius und deutet zur Wiese.

Neue Tränenbäche rinnen über Rosalies

Gesicht. Sie berichtet vom Vorsingen. Wie alle bei den ersten Tönen zusammenzuckten und in Gelächter ausbrachen. »Und dann ...«, schluchzt sie, »haben sie mich weggeschickt. Sie sagen, ich kann nicht singen. Aber ich singe doch so gern!«

Marius reibt sich das Kinn. »Hmm«, brummelt er. »Mal sehen, ob ich nicht helfen kann ...«

Er murmelt vor sich hin. Nach einer Weile ruft er: »Ich hab's! Zuerst muss ich hören, wie du singst.«

»Aber nicht lachen!« Rosalie steht auf und räuspert sich. Dann singt sie los. Die Töne, die sie erzeugt, sind ganz anders als die Feenlieder. Ihr Gesang klingt wie eine Mischung aus Grunzen und Röhren, unterbrochen von Rülpsern und Heulen.

»Stopp!«, ruft der kleine Zauberer und drückt sich die Hände auf die Ohren. »Das ist ja ...« Grauenhaft, wollte er sagen. Aber nach einem Blick auf Rosalies Gesicht fährt er fort: »Das ist sehr ... interessant. So eine Stimme habe ich noch nie gehört. Ich fürchte, ein Verschönerungszauber hilft hier nicht. Ich verwandele dich in etwas, das gut singen kann.«

Bevor Rosalie etwas sagen kann, schwingt Marius den Zauberstab. Poff! Eine rosa Wolke steigt auf. Da, wo eben noch Rosalie war, steht ein Vogel mit goldenen Federn. Zufrieden betrachtet der Zauberer sein Werk. »Sing noch mal!«

Der Vogel öffnet den Schnabel und schmettert los.

Das klingt nicht wie hübsches Gezwitscher, sondern genau so wie Rosalies Gesang.

»Nein, nein, nein!«, schimpft Marius. Er verwandelt Rosalie noch in drei andere Vögel, aber egal in welcher Gestalt, ihr Singen verändert sich nicht.

Marius hebt die Schultern. »An deiner Stimme ist nichts zu ändern. Wenn du trotzdem singen möchtest, musst du jemanden suchen, dem sie gefällt.«

Rosalie versucht es zuerst beim Hummel-Chor. Dort darf sie vorsingen, doch beim ersten Ton suchen die Hummeln das Weite. »Tut uns leid!«, brummen sie im Wegfliegen. »Das klingt gruselig!«

»Aber ich möchte doch so, so gerne beim Wettsingen mitmachen!«, jammert Rosalie.

»Hast du so schön gesungen?«, schnarrt eine Stimme aus dem hohen Gras in ihrer Nähe.

»Wer ist da?«, fragt Rosalie.

»Ich. Ludwig Laubfrosch.« Ein grüner Frosch hüpft heran. »So eine Stimme suchen wir! Komm mit.«

Ludwig bringt Rosalie zum Frosch-Chor und gibt ihr ein Textblatt. Beim Refrain setzt Rosalie ein, sehr zurückhaltend. Sie beobachtet die Frösche. Wann hält sich der erste die Ohren zu?

»Lauter!«, quakt der Chorleiter sie an. »Wer so eine schöne Stimme hat, muss sie auch hören lassen!«

Rosalie kann es nicht glauben. »Meinen Sie mich?«

»Wen denn sonst?«, quakt der Chorleiter. »Sing lauter, es muss von Herzen kommen!«

Das lässt Rosalie sich nicht zweimal sagen. In voller Lautstärke schmettert sie los. Die Frösche nicken zufrieden.

Am Abend versammeln sich die Zuhörer und alle Chöre auf der Wiese. Die Feen singen zuerst und bekommen viel Applaus. Dann sind die Hummeln dran und die Grillen. Schließlich werden die Frösche auf-gerufen. In Rosalies Bauch kribbelt die Aufregung. Sie stellt sich neben ihre neuen Freunde und singt mit ihnen. Ihr Lied ist unglaublich laut mit

manch schrägem Ton. Aber der Rhythmus prägt sich ein, die Zuhörer klatschen mit. Am Ende gibt es tosenden Beifall und sogar Zugabe-Rufe. Vor lauter Glück fühlt Rosalie sich so leicht wie eine Wolke.

»Siehst du, man muss nur einen Platz finden, wo man hinpasst«, sagt Marius und überreicht Rosalie eine Blume.

Dass am Ende der Feen-Chor gewinnt, stört Rosalie überhaupt nicht. Neue Freunde sind doch viel schöner als ein goldener Siegerpokal!

Warum ist Rosalie glücklich, obwohl sie nicht gewonnen hat?

Ida und der schatz in der Badewanne

Eine Geschichte von Sabine Ludwig
Mit Bildern von Miriam Cordes

»Kann man mit sechs Jahren schon berühmt sein?«, fragt Ida ihren großen Bruder Max, der gerade das Glas seiner Taucherbrille poliert.

»Du nicht, andere schon«, antwortet Max.

»Und warum ich nicht?«, will Ida wissen.

»Mozart hat mit sechs Jahren richtige Musik komponiert. Du kannst noch nicht mal ›Alle meine Entchen‹ auf der Flöte spielen«, sagt Max.

»Es gibt Kinder, die können mit sechs so gut rechnen wie mein Taschenrechner. Andere Sechsjährige spielen Tennis und verdienen damit Millionen«, fährt Max fort.

Ida hält sich die Ohren zu. Es stimmt. Eigentlich kann sie nichts. Aber woran liegt das?

»Du bist eben nicht begabt, so wie ich«, sagt Idas Freundin Flo.

»Du hast eben keine Geduld, Ida«, sagt ihre Mutter, wenn Ida nach zwei falschen Tönen die Flöte weglegt. Oder wenn sie beim Malen das Bild zerreißt, weil eine gelbe Sonne und ein blauer Himmel zu einem grünen See zerfließen.

Geduld zu haben ist anstrengend. Am liebsten möchte Ida aber etwas Besonderes sein, ohne sich dafür anstrengen zu müssen.

Max setzt sich seine Taucherbrille auf. Er presst die Lippen fest zusammen und atmet schnaufend durch den Schnorchel. Dann setzt er die Brille wieder ab.

»Es reicht, wenn *ein* Kind in der Familie berühmt ist«, sagt Max. »Und das werde *ich* sein.«

»Und womit?«, fragt Ida.

»Ich werde im Meer nach gesunkenen Schiffen tauchen und Schätze finden«, erzählt Max. »Ganz viel Gold und Silber.«

»Kann ich das nicht auch machen?«, fragt Ida.

Max lacht laut. Aber es ist kein nettes Lachen. »Lern du erst mal schwimmen!«, sagt er. »Du traust dich ja noch nicht mal alleine in die Badewanne!«

»Das ist nicht wahr!«, schreit Ida und tritt
Max gegen das Schienbein.

»Das ist wohl wahr!«, schreit Max zurück
und zieht Ida an den Haaren.

Ihre Mutter kommt ins Zimmer. »Müsst
ihr eigentlich immer streiten?«, fragt sie.

»Ich streite überhaupt nicht«, sagt Max.
Er legt die Taucherbrille in den Schrank
zu seinen Schwimmflossen. Ida weint.

»Heulsuse!«, zischt Max ihr zu. Laut
sagt er: »Ich werde jetzt fernsehen.«

Ida läuft in ihr Zimmer und knallt die Tür zu. Nach einer Weile öffnet
sie die Tür leise und geht auf Zehenspitzen in den Flur.

Aus dem Wohnzimmer ertönt lautes Lachen. Max schaut sich einen
Trickfilm an. Da klingelt das Telefon. Die Mutter nimmt den Hörer ab.

»Hallo, Agnes«, sagt sie und geht mit dem Telefon ins Schlafzimmer.

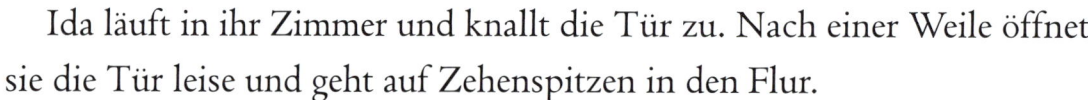

Das wird eine Weile dauern, denkt Ida. Sie schleicht sich in Max'
Zimmer und holt aus dem Schrank die Taucherbrille und die Schwimmflossen heraus. Die Sachen trägt Ida ins Badezimmer. Sie schiebt den
kleinen Hocker an die Wanne, stellt sich darauf und öffnet den Wasser-
hahn. Aus einer rosa Plastikflasche gießt sie Schaumbad ins Wasser. Sofort
bilden sich blubbernd große Blasen. Ida zieht sich aus und schlüpft mit
den Füßen in die Schwimmflossen. Die sind ihr viel zu groß.

Ich sehe aus wie eine Ente, denkt Ida. Sie setzt sich die
Taucherbrille auf.

Der Schnorchel reicht bis zu ihrer Schulter und die Brille
bis zum Kinn. Wie ein Fisch macht Ida den Mund dahinter
auf und zu. Nun fehlt nur noch ein Schatz. Ida greift nach
einem glänzenden Gegenstand, der auf dem Beckenrand liegt.
Sie kann nicht erkennen, was es ist. Das Badezimmer dampft und
die Taucherbrille ist beschlagen.

Ida steigt wieder auf den Hocker. Mit den Schwimmflossen ist das gar
nicht so einfach. Sie wirft das glänzende Ding ins Wasser. Nun müsste Ida
hinterherspringen, mit einem eleganten Satz. So wie Max das im Sommer
im Schwimmbad macht, wenn er nach bunten Ringen taucht.

Aber Ida traut sich nicht. Wie festgewachsen steht sie auf dem Hocker.

Da geht mit einem leisen Knarren die Tür auf. Fritz und Minka, die
beiden Katzen, kommen ins Bad und schauen Ida neugierig an.

Minka niest fünfmal.
Dann dreht sie sich um und läuft
wieder hinaus. Minka ist wasser-
scheu, genau wie Ida. Aber Fritz
findet Wasser spannend.

Jetzt springt er auf den Rand der Bade-
wanne und schlägt mit der Pfote nach dem Schaum. Der Schaum fliegt
durch die Luft und etwas davon bleibt Fritz am Ohr kleben. Das gefällt
dem Kater überhaupt nicht. Er schüttelt den Kopf, hebt die Pfote, rutscht
vom Wannenrand und – plumps! – liegt er im Wasser.

Ida will laut schreien. Aber da ist Fritz auch schon wieder draußen,
pitschnass! Sein Schwanz ist dünn wie ein Bindfaden. Blitzschnell saust
er durch die Tür. Ida klettert vom Hocker und will ihm nachlaufen. Aber
mit den Flossen an den Füßen kann sie nur watscheln wie ein Pinguin.

Max und die Mutter stürzen ins Badezimmer.

»Du meine Güte, Ida!«, ruft ihre Mutter.

Max macht ein richtig dummes Gesicht.

»Ich will doch Schatztaucherin werden«, nuschelt Ida unter
der Taucherbrille. »Aber getaucht ist nur Fritz.«

Die Mutter schüttelt den Kopf und zieht Ida die Taucherbrille herunter. »Was hast du dir nur dabei gedacht, Ida?«, fragt ihre Mutter.

»Max hat gesagt, dass er später Taucher wird und berühmt und etwas ganz Besonderes«, murmelt Ida. »Ich wollte aber *jetzt* schon etwas Besonderes sein.«

Die Mutter nimmt Ida in den Arm. »Das bist du doch auch«, sagt sie. »Für mich bist du etwas ganz Besonderes.«

»Ja, ganz besonders unmöglich!«, sagt Max. »Guck mal, was Ida ins Wasser geworfen hat: deine Puderdose!«

»Die ist hin«, seufzt die Mutter.

»Aber zum Glück ist Fritz nicht hin!«, sagt Ida. Und dann fällt ihr etwas ein: »Jetzt wissen wir wenigstens, dass Fritz beim Baden nicht untergeht. Max kann ihn später immer mitnehmen, wenn er nach Schätzen taucht.«

Fritz miaut kläglich unter dem Handtuch, mit dem Max ihn trocken rubbelt.

»Ich glaube kaum, dass der noch mal freiwillig ins Wasser springt«, sagt Max. »Aber vielleicht nehme ich ja dich zum Tauchen mit, Ida. Mit der Brille und den Flossen siehst du echt cool aus!« Max lacht. Und diesmal klingt es nett. »Wenn du willst, können wir im Sommer zusammen tauchen üben.«

Ida nickt fröhlich. »Aber nicht wieder in der Badewanne!«

Max und der Läusealarm

Eine Geschichte von Christian Tielmann
Mit Bildern von Sabine Kraushaar

»Was ist das denn?« Mama zieht einen Zettel aus der Schultasche von Felix.

»Oh, das hab ich vergessen«, sagt der große Bruder von Max kleinlaut.

»Ist es wichtig?«, fragt Papa.

Mama seufzt. »In der Schule gibt es Läuse.

»Süß! Mäuse!«, sagt Max. Er mag Nagetiere besonders gern. Am liebsten Kaninchen.

»Nein, keine Mäuse. Ich meinte Läuse«, sagt Mama. »Und die sind nicht süß, sondern echt nervig!«

Mama holt sofort einen Kamm mit vielen feinen Zinken aus Metall. Felix muss seinen Kopf ganz still halten.

Dann kämmt Mama ihn gründlich. Damit sie jedes kleine Tierchen auf jedem feinen Härchen finden kann, holt sie sogar eine Lupe.

»Hier eine Laus! Und eine Nisse!«, ruft Mama. »Da auch. Juckt es?«

Felix nickt. »Ja, manchmal schon.«

Papa kämmt Max. »Max hat auch Läuse«, sagt er.

»Und was ist mit euch?«, fragt Felix.

Mama und Papa sehen sich an. Dann kämmt Max Papa. Und Felix kämmt Mama. Aber ihre Eltern haben Glück: Max und Felix finden keine einzige Laus und auch keine Nisse.

»Sind Läuse gefährlich?«, fragt Max. Papa hat eine Laus geschnappt und klebt sie mit Klebeband auf einem Blatt Papier fest. Max darf sich das Tier durch die Lupe ansehen.

»Kopfläuse sind Insekten. Gefährlich sind sie nicht«, erklärt Papa. »Aber sie krabbeln auf deinem Kopf herum und beißen dich. Läuse trinken Blut, genau wie Mücken.«

»Frechheit!«, beschwert sich Max. »Und was sind diese Nissen?«

»Das sind die Eier der Läuse. Die Weibchen kleben sie an die Haare.«

»Und wie werden wir die Läuse wieder los?«, fragt Max. »Stellen wir eine Läusefalle auf?«

»Die Läuse werden wir am besten mit Läuse-Shampoo los«, erklärt Mama. Max und Felix müssen sich die Haare mit einem speziellen Shampoo waschen. Dabei hilft ihnen Mama, denn das Läuse-Shampoo darf nicht in die Augen kommen. Nach dem Waschen kommt Papa wieder mit dem Kamm. Strähne für Strähne kämmt er Max' Haare durch. Immer wieder streicht Papa den Kamm an einem Stück Küchenpapier ab. Als er endlich fertig ist, sind jede Menge Nissen darauf.

»Mama hat Recht«, sagt Max. »Läuse sind nicht süß, sondern echt nervig.«

»Wo kommen denn die Läuse her?«, fragt Max. »Haben wir uns zu wenig gewaschen?«

Papa schüttelt den Kopf. »Den Läusen ist es egal, ob du dich wäschst oder nicht. Sie lieben Haare in jedem Zustand. Und sie krabbeln einfach von einem Kopf auf den nächsten«, erklärt Papa. »Von Anton zu Felix, von Felix zu dir, von dir zu …«

»… Pauline?«, fragt Max.

»Das kann schon sein«, überlegt Papa.

»Aber dann müsst ihr sofort Bescheid sagen!«, sagt Max.

»Auf jeden Fall müsst ihr heute zu Hause bleiben«, sagt Mama. Sie ruft in der Schule und im Kindergarten an. Denn mit Läusen auf dem

Kopf dürfen Max und Felix da nicht hingehen. Sonst könnten sich noch mehr Kinder anstecken.

Jetzt darf Max Pauline anrufen. »Ich habe Läuse!«, sagt Max.

»Ich auch«, sagt Pauline. »Und meine Mama auch. Die sitzt gerade in der Badewanne. Mit Läuse-Shampoo.«

Papa, Max und Felix überlegen, mit wem die Brüder in den letzten Tagen gespielt haben. Dann rufen sie einen nach dem anderen an.

»Jetzt müssen alle Eltern und Kinder zusammen die Läuse verjagen«, sagt Papa. »Sonst krabbeln sie einfach wieder von einem Kopf auf den nächsten und die Nerverei mit dem Kämmen fängt wieder von vorne an.«

»Bitte nicht!«, stöhnen Max und Felix.

»Jetzt kommt die große Läusewäsche«, sagt Papa. Max und Felix helfen ihm beim Abziehen der Bettwäsche. In den Betten von Max und Felix sind auch jede Menge Kuscheltiere. Papa betrachtet sie mit der Lupe. Eine Laus kann er nicht finden.

»Zur Sicherheit schicken wir sie aber trotzdem für zwei Tage an den Nordpol«, sagt Papa.

Er packt alle Kuscheltiere in den Plastiksack und legt sie in die Tiefkühltruhe. »Das überlebt keine Laus«, sagt Papa.

»Tschüss, Kuschel«, sagt Max zu seinem Kuschelhasen. »Gute Reise
und schöne Grüße an die Eisbären!«

»Gibt es bei Zorro und Schweini auch Läusealarm?«, fragt Max.
Sein Kaninchen und das Meerschweinchen von Felix laufen fröhlich
in ihren Ställen herum.

»Menschen-Läuse gehen eigentlich nicht auf Tiere«, sagt Papa.
»Aber du kannst Zorro ja untersuchen.«

Max holt seine Taschenlampe, damit er genug Licht hat.
Dann nimmt er Zorro auf den Schoß und streichelt sein
Fell. Mit dem Läusekamm will er sein Kaninchen lieber
nicht quälen. Und die weißen Nissen würde Max im schwarzen
Fell sowieso sofort erkennen. »Zorro ist läusefrei«, sagt Max zufrieden.

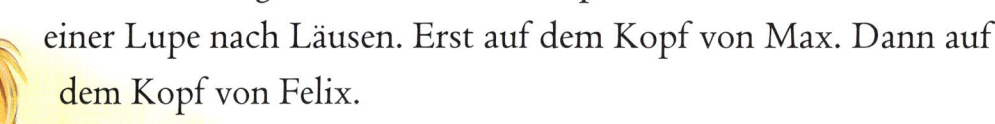

Am nächsten Tag geht Mama mit Max und Felix zu Doktor Fröhlich.
Der Kinderarzt macht genau dasselbe wie Papa und Mama: Er sucht mit
einer Lupe nach Läusen. Erst auf dem Kopf von Max. Dann auf
dem Kopf von Felix.

»Ihr seid läusefrei«, stellt er fest. »Aber in einer
Woche müsst ihr noch einmal das Shampoo be-
nutzen und die Haare gründlich auskämmen.
Falls wir jetzt Nissen übersehen haben.«

Felix bekommt für die Schule einen Brief von Doktor Fröhlich, in dem steht, dass Felix keine Läuse mehr hat.

»Übrigens sind Läuse keine gefährliche Krankheit«, sagt Doktor Fröhlich.

»Aber sie nerven«, sagt Max.

Doktor Fröhlich lacht. »O ja, das stimmt!«

Eine Woche später waschen Max und Felix ihre Haare noch einmal mit dem Läuse-Shampoo. Mama kämmt die nassen Haare aus. Dann nimmt sie die Lupe und untersucht wieder Strähne für Strähne. Es dauert ewig lange. Damit ihm nicht zu langweilig wird, darf Max ein Hörspiel hören. Aber als er sich vor Lachen schüttelt, sagt Mama: »Max! Stillhalten bitte, sonst müssen wir wieder von vorne anfangen!« Endlich ist es geschafft. Mama hat Max gründlich gekämmt und keine einzige Laus oder Nisse mehr gefunden. Jetzt läuft er wieder alleine herum. Ohne Läusebegleitung.

Am nächsten Morgen im Kindergarten fehlt Ben. »Er hat Läuse!«, sagt Erzieherin Rosi. »Die Viecher gehen mir allmählich auf die Nerven.«

Max kratzt sich am Kopf. »Max!«, ruft Rosi. »Hast du etwa auch wieder Läuse?«

Aber Max schüttelt den Kopf. »Ich muss nur … nachdenken, was ich malen will.« Aber da hat er schon eine tolle Idee. Max malt ein großes Schild, auf das Rosi schreibt: Läuse verboten!

Lucas und sein Schnuller

Eine Geschichte von Sabine Choinski und Gabriela Krümmel
Mit Bildern von Miriam Cordes

Lucas ist zwei Jahre alt. Aber wenn Mama und Papa ihn nach seinem Alter fragen, hält er drei Finger hoch. Lucas hat nämlich in einigen Tagen Geburtstag. Bald kommt er auch in den Kindergarten.

Dort sind viele andere Kinder, mit denen er spielen kann. Darauf freut sich Lucas schon sehr.

»Aber deinen Schnuller musst du dann zu Hause lassen«, meint Mama. Das findet Lucas gar nicht gut. Sein Schnuller ist wie ein Freund für ihn.

Abends im Bett spricht er sogar manchmal mit ihm. Wenn Lucas nicht einschlafen kann oder traurig ist, saugt er ganz doll an seinem »Nulli«, wie er ihn nennt.

Manchmal steckt er ihn auch tagsüber in den Mund. Aber Mama sagt dann: »Nulli raus, sonst verstehe ich nicht, was du sagst!«

Mama und Lucas kaufen einen kleinen Rucksack und Hausschuhe

für den Kindergarten. Den Rucksack darf sich Lucas ganz alleine aussuchen. Er ist blau mit einem lustigen Drachen drauf.

Stolz trägt Lucas seinen Rucksack nach Hause und legt gleich seinen Schnuller hinein.

»Möchtest du den Nulli wirklich mit in den Kindergarten nehmen?«, fragt Mama. »Ein Schnuller ist doch nichts für große Kindergartenkinder.«

»Dann will ich da gar nicht hingehen!«, protestiert Lucas und steckt schnell seinen Nulli in den Mund. Aber schon am Nachmittag freut er sich doch wieder auf den Kindergarten, denn zu Hause ist es ihm so langweilig!

Endlich ist der große Tag da: Heute kommt Lucas in den Kindergarten!

Papa hat ein leckeres Brot mit Käse und Gurke für Lucas vorbereitet. Das packt er in den neuen Rucksack und legt noch einen saftigen Apfel dazu. Schnell läuft Lucas zu seinem Bett und holt seinen Nulli. Mama runzelt leicht die Stirn, sagt aber nichts, als er den Schnuller in den Rucksack steckt.

Im Kindergarten geht es laut und lustig zu. Jedes Kind hat im Flur einen Haken für seine Jacke. Auch für Lucas ist schon ein Haken vorbereitet. Darüber klebt ein tolles Drachenbild.

»Schau mal, Mama, wie auf meinem Rucksack!«, ruft Lucas begeistert.

Die Erzieherin heißt Michaela. Sie ist sehr nett und begrüßt Lucas und seine Eltern freundlich.

Sie erklärt ihnen alles und zeigt ihnen, wo der Gruppenraum und die Waschräume sind. Da gibt es extrakleine Kinderklos! Lucas kann auch schon ganz alleine auf die Toilette gehen und braucht keine Hilfe mehr.

Immer mehr Kinder kommen herein und sagen »Hallo« zu Michaela.

Im Gruppenraum gibt es viele schöne Spielsachen. Lucas nimmt sich die Bauernhoftiere und baut sie auf. Ein Mädchen setzt sich zu ihm.

»Ich heiße Lina und du?«, fragt sie.

Schon spielen die beiden zusammen und machen die Geräusche der Tiere nach: **»Muh! Mäh! Kikeriki! Quiek!«**

Lucas schiebt einen kleinen Traktor über den Boden. Der bringt den Tieren etwas zu fressen. So einen Traktor hätte Lucas auch gerne. Doch auf einmal kommt ein größerer Junge dazu und nimmt Lucas den Traktor einfach weg! Lucas fängt an zu weinen. Schnell läuft Lucas zu seinem Rucksack und steckt sich den Nulli in den Mund.

Michaela geht Lucas hinterher und sagt: »Wenn du über etwas traurig bist, kannst du immer zu mir kommen und erzählen, was los ist!«

Aufgeregt versucht Lucas zu erzählen, aber mit dem Schnuller im Mund kann er kaum sprechen. Die nette Erzieherin nimmt ihn erst mal in den Arm.

»Der Junge hat mir den Traktor weggenommen«, bringt Lucas endlich hervor.

Michaela redet mit Jonas, dem anderen Jungen. Jonas entschuldigt sich bei Lucas und gibt ihm den Traktor zurück. Bis zum Frühstück spielen sie schließlich zu dritt weiter. Und jeder darf mal mit dem Traktor fahren.

Nach dem Frühstück gehen alle Kinder nach draußen. Da gibt es tolle Spielgeräte und eine kleine Schaukel. Lucas hat schon wieder seinen Schnuller im Mund.

»Den brauchst du beim Spielen doch gar nicht, oder?«, sagt Michaela freundlich. »Komm, ich gebe dir eine kleine Schachtel für deinen Schnuller.«

Zögernd legt Lucas seinen Nulli hinein. Michaela stellt die Schachtel in ein Regal im Gruppenraum. So kann Lucas seinen Schnuller jederzeit holen. Aber es stimmt: Beim Spielen braucht Lucas ihn gar nicht!

Nach der Spielzeit malen die Kinder ein schönes Bild mit einer leuchtenden Sonne. Und da steht auch schon Mama in der Tür, um Lucas abzuholen. Der würde lieber noch bleiben. »Morgen kommst du ja wieder«, tröstet ihn Michaela.

Zu Hause erzählt Lucas begeistert von seinem ersten Tag im Kindergarten und von seiner neuen Freundin Lina. Mama freut sich. »Hast du deinen Schnuller überhaupt gebraucht?«, will sie wissen.

»Nur einmal«, sagt Lucas und berichtet von dem Streit um den Traktor. Auch von der Schnullerschachtel erzählt er.

»Das können wir zu Hause doch auch so machen«, meint Mama. Zusammen suchen sie eine kleine Dose und legen den Schnuller hinein. Lucas darf sie in sein Regal stellen.

»Kennst du eigentlich die Geschichte vom Schnullerbaum?«, fragt Papa am Abend. Lucas schüttelt den Kopf und hört gespannt zu:

»Es war einmal ein kleiner Junge«, beginnt Papa. »Der hatte immer seinen Schnuller im Mund. Niemand konnte ihn verstehen, wenn er etwas sagen wollte. Und seine Zähne waren schon ganz krumm und schief.

Eines Nachts kam die Schnullerfee zu ihm.

›In meinem Land gibt es einen ganz besonderen Baum‹, erzählte sie. ›An den kannst du deinen Schnuller hängen. Denn große Kinder wie du brauchen keinen Schnuller mehr.‹ Die Schnullerfee führte das Kind

zu einem Baum, an dem viele Schnuller hingen. Sie waren mit bunten Bändern angebunden und schaukelten lustig im Wind. Die Schnullerfee half dem Jungen, seinen Schnuller in den Baum zu hängen. ›Jetzt darfst du dir etwas wünschen‹, flüsterte sie.«

»Gibt es bei uns auch einen Schnullerbaum?«, fragt Lucas.

»Vielleicht könnt ihr im Kindergarten einen Baum dafür aussuchen«, schlägt Papa vor.

Am nächsten Tag im Kindergarten besprechen Papa und Lucas ihre Idee mit Michaela. Die ist begeistert. »Dann haben wir endlich wieder Platz im Regal«, sagt sie. Auch viele andere Kinder haben nämlich noch einen Schnuller in einer Schachtel im Kindergarten. Sogar Lina!

Nach dem Frühstück geht Michaela mit den Kindern nach draußen. Dort finden sie einen kleinen Baum, der ihr Schnullerbaum werden soll. Gemeinsam schmücken sie ihn mit bunten Bändern.

»Wer möchte seinen Schnuller in den Baum hängen?«, fragt Michaela.

Lina möchte ihren Schnuller lieber noch ein bisschen behalten.

Lucas zögert kurz. Dann gibt er Michaela seinen Nulli und sie hängen ihn zusammen auf. Dabei denkt Lucas ganz fest an seinen geheimen Wunsch.

Abends im Bett denkt Lucas an seinen Nulli im Schnullerbaum. Eine kleine Träne kullert über seine Wange. Aber dann stellt er sich vor, wie schön sein Schnuller im Wind schaukelt. Und Mama und Papa trösten ihn: »Jetzt bist du ein großer Junge, der keinen Nulli mehr braucht. Das ist toll!«

Papa erzählt Lucas noch einmal die Geschichte von der Schnullerfee. Da fällt Lucas sein Wunsch wieder ein. Zufrieden kuschelt er sich in seine Decke und schläft ein.

Am nächsten Morgen liegt ein bunt eingepacktes Päckchen auf dem Nachttisch. Sofort reißt Lucas das Papier auf. Zum Vorschein kommt ein knallroter kleiner Traktor.

»Toll«, jubelt Lucas, »genau den habe ich mir gewünscht!«

»Siehst du«, meint Papa lächelnd. »Das war bestimmt die Schnullerfee!«

minzi und maunzi

Eine Geschichte von Tobias Bungter
Mit Bildern von Liliane Oser

Minzi war die schönste Katze aller Zeiten. Da war sich ihre Besitzerin, Frau von Schmonzes, ganz sicher. Deswegen filmte sie Minzi beim Schlabbern von Milch, beim Spielen mit einem Wollknäuel oder wenn sie auf den Tasten ihres Klaviers herumlief und dabei ganz niedlich Miauuu! Miauuuuu! machte. Diese Filmchen stellte Frau von Schmonzes dann ins Internet und sofort trudelten die Kommentare ein: »Oh mein Gott! Minzi ist so süüüüüß!!!«, schrieb eine Jenny aus Kentucky.

»Ich liebe Minzi. Ich habe das Video gesehen und seitdem lächle ich den ganzen Tag«, schrieb ein Herr Hang aus Hongkong.

»Oh, Minzi, du bist so dutzi-dutzi-dutzi :-)))))«, schrieb eine Roswitha aus Rosenheim.

Hunderte von Leuten schrieben unter jedes dieser Videos, wie süß, wie niedlich und wie zauberhaft Minzi war. So kannst du vielleicht verstehen, dass Minzi ziemlich eingebildet war. Sie stolzierte mit erhobenem Kopf durch die Wohnung, putzte ihr glänzendes Fell und fand sich selbst umwerfend toll.

»Alle lieben mich«, dachte sie bei sich. »Alle möchten mich kraulen. Alle möchten mich füttern. Denn so schön wie *ich* ist sonst *keine*.«

Im Haus nebenan wohnte ebenfalls eine Katze. Sie hieß Maunzi und war überhaupt nicht niedlich. Sie hatte struppiges Fell, war viel zu dünn und humpelte, denn sie war als kleines Kätzchen einmal in eine Mausefalle getreten. Maunzis Besitzerin, Oma Paula, hatte sie trotzdem sehr lieb.

»Für mich bist du die schönste Katze der Welt«, sagte Oma Paula, wenn sie Maunzi kraulte. Dann schnurrte Maunzi und freute sich. Sie wusste nichts von Jenny aus Kentucky oder Herrn Hang aus Hongkong und war bei Oma Paula rundum zufrieden.

Minzi konnte Maunzi nicht leiden. Wenn die beiden sich im Garten trafen, rümpfte Minzi die Nase. »Na, Humpelkatze, hast du heute schon deine Flöhe gezählt?«, fragte sie dann. Oder: »Hallo, Humpelkatze, ich hab schon vier Millionen Klicks, wie viele hast du denn? Ach so, deine Oma hat ja kein Internet. Tja, Pech für dich.«

Maunzi machte sich nichts aus Minzis Bemerkungen. Sie kletterte gerne auf den Birnbaum in der Mitte des Gartens und hielt die Nase in die Sonne. Und trotz ihres Humpelbeinchens konnte sie viel besser klettern als Minzi, die es mit viel Schwung gerade einmal bis zum ersten Ast schaffte. Wenn Maunzi dort oben in der Baumkrone saß und über die Dächer blick-

te, war ihr ganz egal, was Minzi unten im Garten vor sich hin miaute.

Eines Tages erhielt Frau von Schmonzes einen Anruf von einem Fernsehsender. Minzi sollte in der Sendung *Herausragende Persönlichkeiten unserer Zeit* auftreten. Das war ein aufregender Tag für die beiden! Frau von Schmonzes fuhr in die Stadt, um sich eine neue Bluse zu kaufen. Minzi stolzierte mit erhobenem Schwanz durch den Garten, wo Maunzi gerade durch ein Rosenbeet humpelte.

»Hey, Humpelkatze«, schnurrte Minzi, »hat deine alte Oma vielleicht einen Fernseher? Na, den sollte sie bald einmal einschalten. Dann kannst du mich auf dem Bildschirm betrachten. Weil ich nämlich eine *herausragende Persönlichkeit unserer Zeit* bin. Was sagst du dazu, Humpelkatze?«

Maunzi sagte dazu nichts. Sie nickte nur höflich und machte sich auf den Weg zu ihrem Birnbaum.

»Tja«, fuhr Minzi fort, während Maunzi den Baum hinaufkletterte, »du wirst wohl nie im Fernsehen sein, Humpelkatze. Wer möchte auch schon eine so struppige, dünne Katze sehen, die dazu auch noch humpelt? Sei froh, dass deine alte Oma dich noch füttert. Sonst müsstest du glatt verhungern. Niemand möchte dich kraulen. Niemand möchte dich streicheln. Niemand ...«

Minzi hätte sicher auf diese Art weitermiaut, wenn sie nicht durch ein markerschütternd lautes **Wuff!** unterbrochen worden wäre.

Killer, der riesige Schäferhund der Nachbarn von der anderen Straßenseite, war plötzlich im Garten und raste auf Minzi zu. Minzi gab einen kläglichen Schrei von sich und kletterte auf den ersten Ast des Birnbaums. Aber weiter kam sie nicht. Weiter war sie noch nie gekommen. Killer schnappte nach ihr. Schaumige Spucke flog aus seinem Maul und seine scharfen Zähne glitzerten im Sonnenlicht. Minzi strampelte mit den Beinen. Maunzi sah besorgt nach unten. Minzi würde sich nicht mehr lange halten können. Sie miaute erbärmlich.

»Minzi, komm hoch!«, rief Maunzi.

»Ich kann nicht.«

»Versuch es doch einfach!«

»Nein, ich schaffe es nicht.«

Maunzi sah sich um und entdeckte das Vogelhäuschen, das oben am Stamm hing. Es war seit Jahren leer. Maunzi wartete den richtigen Augenblick ab und gab dem Vogelhaus einen kräftigen

Stoß mit der Pfote. Sie hatte genau den richtigen Moment gewählt: Das Häuschen sauste nach unten und landete krachend auf Killers breitem Schädel.

Der Schäferhund machte vor Schreck einen großen Sprung zurück.

Maunzi kletterte flink nach unten, reichte Minzi eine Pfote und zog sie hinauf. Vom zweiten Ast an war das Klettern einfacher, sogar Minzi war schnell oben. Das war auch nötig, denn schon war Killer wieder am Baum und kläffte.

»Nur keine Angst, Minzi. Hier kann er uns nicht mehr erwischen«, sagte Maunzi und strich Minzi mit einer Pfote über das Fell.

»Warum hast du mich gerettet?«, fragte Minzi. »Ich bin doch immer so gemein zu dir.«

Maunzi grinste. »Du bist eben eine herausragende Persönlichkeit unserer Zeit.«

»Du bist noch viel herausragender«, sagte Minzi. »Weißt du, was? Wir treten gemeinsam im Fernsehen auf!«

»Nein, danke. Ich bleibe lieber hier im Garten. Aber wir könnten ein bisschen spielen!«

»Au ja!«

Als Killer endlich verschwunden war, kletterten Minzi und Maunzi vom Baum und spielten miteinander, bis die Sonne unterging.

Wieso möchte Maunzi nicht ins Fernsehen?

Herr Schneider und das Zuckertörtchen

Eine Geschichte von Tobias Bungter
Mit Bildern von Liliane Oser

Herr Schneider war ein freundlicher Weberknecht, der im Keller der Familie Hansen wohnte. Die Familie Hansen, das waren Mama, Papa und die kleine Patrizia. Patrizia wusste nichts von Herrn Schneider, denn sie ging nie in den Keller. Ihr Papa hingegen war oft dort unten, zum Beispiel um eine Packung Schokoladenstreusel zu holen, die Patrizia so liebte. Wenn Papa Herrn Schneider in einer Kellerecke sah, winkte er ihm freundlich zu und manchmal winkte Herr Schneider mit einem seiner acht langen dünnen Beinchen zurück.

So ging es lange Zeit, doch eines Tages fiel Patrizia etwas Neues ein: »Papa! Papaaa! Ich will in den Keller! Sofoooort!«

»Aber, mein kleines Zuckertörtchen«, sagte Papa, »was willst du denn im Keller?«

»Ich *will* in den Keller! Ich will, ich will, ich will!«

Mama warf Papa heimlich einen Blick zu, der sagte: *Nun geh schon mit ihr in den Keller, sonst bekommt sie wieder einen Wutanfall.*

Also nahm Papa die kleine Patrizia in den Arm und stieg mit ihr die Kellertreppe hinunter. Er knipste das Licht an und sah sofort, dass Herr Schneider in seiner Lieblingsecke saß. Er hoffte, dass Patrizia das grau-braune Wesen mit den dünnen Beinen nicht entdecken würde, denn er konnte sich schon vorstellen, was dann los sein würde. Doch Herr Schneider, der sich wunderte, warum Herr Hansen ihn nicht begrüßte, machte ein paar Schritte nach vorn und winkte mit drei seiner acht langen Beinchen gleichzeitig. Natürlich entdeckte Patrizia ihn sofort. »Iiiiih!«, schrie sie. »Papaaa! Mach das weg!«

Herr Schneider bekam einen fürchterlichen Schrecken und versteckte sich schnell in einer Mauerritze. Papa nahm Patrizia, die mit rotem Kopf brüllte und mit ihren kleinen Fäusten auf sein Hemd trommelte, wieder mit nach oben.

Auch in den nächsten Tagen gab Patrizia keine Ruhe. »Papa? Hast du das böse Ding weggemacht?«

»Es ist kein Ding, sondern ein Weberknecht. Und er ist bestimmt nicht böse. Möchtest du nicht ein paar Schokoladenstreusel?«

»Doch. Das Ding ist böse. Mach es weeeeeeg!«

Und so ging Papa Tag für Tag mit einer Fliegenklatsche in den Keller. Doch immer wenn er den Weberknecht entdeckte, wedelte und fuchtelte er mit der Fliegenklatsche herum, so dass Herr Schneider genug Zeit hatte, sich zu verstecken. Dann ging Papa mit hängendem Kopf zurück.

»Patrizia, mein Zuckertörtchen, ich konnte den Weberknecht nicht finden. Bestimmt ist er schon längst in einen anderen Keller gezogen.«

Doch Patrizia war sich da nicht so sicher. Als ihre Freundin Felicitas zu Besuch war, trauten sich die beiden ohne Erwachsene in den Keller.

»Wenn wir das schreckliche Ding finden«, flüsterte Patrizia, »dann machen wir es platt!«

»Au ja«, sagte Felicitas und schaltete eine Taschenlampe ein.

Die beiden suchten so lange, bis sie Herrn Schneider gefunden hatten. In der letzten Sekunde konnte er sich hinter der Tiefkühltruhe verstecken, sonst hätte es schlimm um ihn gestanden.

»Warum hasst mich Patrizia so?«, fragte sich Herr Schneider, als die Mädchen wieder gegangen waren. »Was habe ich ihr nur getan?« Er wurde ganz traurig in seiner Kellerecke und wünschte, er könnte irgendetwas unternehmen, damit sie ihn zumindest ein kleines bisschen mochte. Doch während er noch darüber nachgrübelte, ertönte ohrenbetäubendes Geschrei von oben. »Mein Knooopf! Wo ist mein Knoooooopf?«

Patrizia hatte nämlich bei der Jagd im Keller einen Knopf verloren, der ihr großer Glücksbringer war und den sie immer bei sich trug.

Mama und Papa wurden seitdem ihres Lebens nicht mehr froh, denn ihr kleines Zuckertörtchen Patrizia hatte einen Wutanfall nach dem nächsten. Sie suchten das ganze Haus ab, rückten alle Möbel von der Wand, rupften

den Staub aus dem Staubsaugerbeutel, stocherten mit einem Schraubenzieher zwischen den Dielen herum und fanden allerhand – aber nicht den gesuchten Knopf.

Nur einer wusste, wo der Knopf war. Herr Schneider hatte genau gesehen, wie er aus Patrizias Tasche in die alte Gießkanne gefallen war. Wie gerne würde er dem Mädchen den Knopf wiederbringen. Vielleicht würde sie dann nicht mehr so garstig zu ihm sein. Herr Schneider überlegte. Er selbst konnte den Knopf nicht tragen, er war viel zu schwer für ihn. Aber vielleicht könnte er ihr zeigen, wo er war.

So schlich er sich eines Nachts aus dem Keller. In der Küche fand er eine offene Schachtel mit Schokostreuseln. Damit müsste es gehen! Er arbeitete die ganze Nacht. Streusel um Streusel schleppte er aus der Schachtel und legte damit eine Spur vom Küchentisch bis zur alten Gießkanne im Keller. Als die Sonne aufging, schlief er erschöpft neben der Gießkanne ein.

Patrizia, die als Erste wach war, wunderte sich über die Schokostreusel auf dem Boden. Sie gruselte sich ein bisschen, aber dann war sie doch zu neugierig und folgte der Spur bis in den Keller. Sie fand ihren Knopf in der Gießkanne und ihre Freude kannte keine Grenzen. Doch dann entdeckte sie das böse, hässliche Ding, das neben der Gießkanne schlummerte. Das war die Gelegenheit! Plötzlich verstand Patrizia. Der Weberknecht hatte die Spur gelegt.

»Na, dann schlaf weiter, du hässliches Ding«, flüsterte sie.

Am Frühstückstisch war sie glänzend gelaunt. »Ich hab meinen Knopf wieder!«

»Tja«, sagte Mama, »jetzt muss Papa nur noch den Weberknecht im Keller erwischen, und du bist rundum glücklich, oder?«

Patrizia schüttelte den Kopf. »Der darf ruhig im Keller wohnen. Er tut mir ja nichts.«

Papa konnte kaum glauben, was er da hörte. »Wirklich?«

»Ich finde ihn vielleicht sogar ganz nett.«

So kam es, dass Herr Schneider wieder in aller Ruhe im Keller wohnte. Und immer wenn Patrizia dort eine neue Packung Schokoladenstreusel holte, winkten sich die beiden heimlich zu.

Wie findest du Patrizia?

Eule Ella feiert Geburtstag

Eine Geschichte von Sven Leberer
Mit Bildern von Liliane Oser

»Jetzt wird es aber Zeit, ins Bett zu gehen«, dachte Ella, die Eule. Sie gähnte, reckte und streckte sich. Der Hahn krähte und die Sonne ging auf. Das war eine lange Nacht gewesen. Ella hatte die ganze Zeit am Klavier gesessen und Musik gespielt. Jetzt war sie müde, aber auch sehr zufrieden. Nun begann ein neuer Tag und damit für eine Eule die Schlafenszeit.

Ella putzte sich noch die Zähne und ging dann ins Bett. Es dauerte keine Sekunde, und sie war tief und fest eingeschlafen.

Wenig später wurde sie auch schon wieder von einem lauten Konzert von Fahrradklingeln und Hupen geweckt. Die anderen Tiere konnten nicht verstehen, dass eine Künstlerin ihren Schlaf brauchte. »Ellaaa, herzlichen Glückwunsch zum Geburtstag!«

»Geburtstag? Was? Wer? Wie?« Ella ging hinaus auf den Balkon. Uhh, war das hell! Sie setzte sich ihre Sonnenbrille auf, um überhaupt

etwas sehen zu können. Die Freunde schauten zu ihr hoch. Jetzt fiel es ihr ein, heute war ja ihr Geburtstag! Und wie jedes Jahr wollten alle Bewohner des Baumes einen Geburtstagsausflug machen.

»Beeil dich, Ella, wir wollen los!«, rief der Dachs.

»Jaha, ich komm ja schon«, antwortete sie. Ella versuchte sich zu beeilen.

Leider stolperte sie über ihr Kissen und blieb darauf liegen. Das Kissen war noch warm und so schön weich. Sofort schlief sie wieder ein.

Nach einiger Zeit gingen die Freunde in Ellas Wohnung, um nachzusehen, wo die Eule blieb. Ella war viel zu müde, um ihre Sachen zu packen. Also flitzte der Hase los, um das Fahrrad zu holen. Der Igel nahm das Akkordeon, denn Ella sollte wie immer Musik machen. Die Mäuse und die Eichhörnchen holten die Noten und der Dachs und der Frosch halfen Ella die Leiter runter und setzten sie auf ihr Fahrrad.

Jetzt konnte es losgehen. Die Vögel zwitscherten und alle hatten beste Laune. Nur Ella klappten vor Müdigkeit die Augen zu. Sie kam mit dem Fahrrad vom Weg ab, fuhr gegen einen Stein und purzelte über die Wiese. Dort blieb sie liegen.

»Ella, lebst du noch? Hast du dir die Flügel gebrochen?«, riefen die Freunde erschrocken und rannten auf Ella zu.

Die lag im Gras und rührte sich nicht. Sie murmelte nur verträumt: »Das ist ein idealer Platz für ein kleines Schläfchen.«

»Es gibt nur eine Möglichkeit«, sagte der Dachs, »Ella muss auf den Fahrradanhänger.«

Die Eule war nicht gerade unglücklich darüber, auf dem Anhänger zu liegen und vom Dachs gezogen zu werden. Aber der stöhnte ganz schön, denn Ella war ziemlich schwer.

Sie kamen ohne weitere Zwischenfälle an den Mühlenweiher, wo die Freunde ein großes Geburtstagspicknick machen wollten. Der Dachs legte Steine zu einem Kreis, der Igel und das Eichhörnchen suchten Holz für das Feuer, auf dem die Würstchen gegrillt werden sollten. Alle Tiere hatten von der anstrengenden Radtour Hunger bekommen. Nur Ella, die schon wieder eingeschlafen war, bekam von all dem nichts mit.

Als es aber lecker nach Würstchen roch, wurde Ella munter.

»Halt!«, rief der Dachs. »Zuerst brauchen wir noch Teller, Besteck und Becher. Wer nicht geholfen hat, bekommt auch keine Würstchen.«

In Windeseile sauste Ella los. Im Nu war alles gedeckt und Ella saß vor ihrem Teller, hatte eine Serviette um den Hals gebunden und Messer und Gabel in den Flügeln. »Fertig!«, rief sie. »Wo ist mein Würstchen?«

Nachdem sich Ella satt gegessen hatte, streckte sie sich im Gras aus und schlief wieder ein. Der Platz aber, den sich Ella für ihr Schläfchen ausgesucht hatte, war dicht an der Uferböschung. Und als sie sich dann im Schlaf umdrehte, begann sie zu rollen. Sie kugelte den Abhang hinunter und landete mitten im Weiher.

»Hilfe, ich kann doch nicht schwimmen!«, jammerte sie lautstark. Mit einem riesengroßen Satz sprang der Frosch in den See und rettete sie.

»Danke«, prustete sie, als sie sich wieder etwas erholt hatte, »es ist doch gut, wenn man einen Frosch zum Freund hat.«

Jetzt endlich war Ella wach. Und sie griff zu ihrem Akkordeon, um

Musik zu machen. Mit jedem Lied, das sie spielte, wurde sie munterer. Als Erstes musste sich der Dachs ausruhen. Den Anhänger mit Ella zu ziehen war doch sehr anstrengend gewesen. Als Nächster war der Frosch eingeschlafen, denn so eine Wasserrettung machte ordentlich müde. Und auch die anderen Tiere schliefen nach und nach ein. Nun war Ella die Einzige, die noch wach war.

»Ein prima Geburtstag«, dachte Ella, »aber immer wenn es am schönsten ist, schlafen die anderen ein.« Ella sang, spielte und tanzte noch die ganze Nacht.

Was machst du an deinem Geburtstag am liebsten?

Der Schnupper-Schultag

Eine Geschichte von Julia Breitenöder
Mit Bildern von Annika Sauerborn

Tina trödelt hinter Mama her. Trotzig kickt sie gegen einen kleinen Stein.

»Was ist denn?«, fragt Mama und streckt die Hand aus. »Los, ich ziehe dich. Sonst kommen wir ja nie an.«

Tina steckt ihre Hände in die Jackentaschen und trottet weiter. »Mir egal«, murmelt sie. »Ich will heute gar nicht in den Kindergarten.«

»Aber heute macht ihr doch den Ausflug in die Schule!«, ruft Mama.

»Pfff«, schnaubt Tina. »Blöde Schule!«

Ihre Mutter wundert sich. »Ich dachte, du freust dich auf den Schnuppertag.«

Tina schüttelt den Kopf, dass ihre Haare fliegen.

»Wieso denn nicht? Du wolltest doch in die Schule gehen. Zu Hause steht sogar schon dein Schulranzen.«

»Den kannst du ins Geschäft zurückbringen«, sagt Tina. »Ich geh nämlich nicht in die Schule. Ich bleibe im Kindergarten. Für immer.«

Inzwischen haben sie den Kindergarten erreicht. Erzieherin Monika steht an der Tür und winkt, aber Tina klammert sich an Mama und schluchzt ein bisschen. »Im Kindergarten kann ich immer mit Eva spielen. Sie kommt aber auf eine andere Schule als ich. Hier kenne ich alle Kinder und die Erzieherinnen. In der Schule sind bestimmt viele blöde Kinder! Die Lehrer sind total streng, sagt Jonas. Da muss man nur still sitzen und ruhig sein. Außerdem gibt es da keine UFO-Schaukel und keinen Matschberg. Und ...«

»Gut, dass du da bist, Tina, wir warten nur noch auf dich!« Monika und alle Vorschulkinder sind zum Tor gekommen. Mama beugt sich schnell zu Tina hinunter und flüstert: »Ich kann verstehen, dass du deshalb

traurig bist. Aber wer weiß, was in der Schule tolles Neues auf dich wartet. Guck es dir erst mal an, und wir reden am Abend darüber.«

Tina beschließt beim Schnuppertag alles fürchterlich zu finden. Bestimmt muss sie sich dafür nicht mal anstrengen.

Dann marschiert die Gruppe los. Mama winkt Tina und pustet ihr einen Luftkuss zu.

»Freust du dich auch schon?«, fragt Eva.

Tina brummt: »Nee, gar nicht.«

»Ich bin so aufgeregt!«, ruft ihre Freundin.

Aber Tina ist nicht umzustimmen. Die Schule ist blöd, das weiß sie ganz genau.

Das Schulhaus hat bunte Wände und an allen Fenstern hängen Bastelarbeiten und Bilder.

Monika teilt die Kinder in zwei Gruppen auf. Zum Glück darf Tina bei Eva bleiben.

»Ihr geht in die Klasse von Frau Krohn«, sagt Monika und öffnet eine Tür.

Jedes Schulkind hat einen freien Stuhl neben sich stehen.

»Sucht euch einen Platz«, sagt die Lehrerin, aber Tina bleibt mitten in der Klasse stehen und sagt: »Ich kenne dich!«

Frau Krohn muss lachen. »Ja, natürlich kennst du mich. Ich kenne dich auch, Tina«, sagt sie. »Hast du nicht gewusst, dass ich Lehrerin bin?«

Tina schüttelt den Kopf. Frau Krohn wohnt zwei Stockwerke über ihr, aber wo sie arbeitet, das hat sie bis eben nicht geahnt. Diese Lehrerin kann sie nicht mal doof finden, wenn sie sich wie verrückt anstrengt.

Leider sind die Schüler auch nicht blöd. In der Klasse sind lauter Kinder, die letztes Jahr noch im Kindergarten waren. Tina setzt sich schnell neben Miriam, mit der sie immer viel gespielt hat.

Der Unterricht beginnt. Eigentlich ist es nicht viel anders als der Vorschüler-Treff im Kindergarten. Frau Krohn liest eine Geschichte von einem Elefanten vor, dann malen alle Kinder Bilder zu der Geschichte und basteln ein kleines Buch daraus. Wer es schon kann, darf auch Wörter dazu-

schreiben. Tina setzt in bunten Buchstaben ihren Namen auf das erste Blatt.

Schon klingelt es zur Pause. Miriam zieht Tina mit sich auf den Pausenhof und ruft: »Komm schnell! Wir müssen unbedingt aufs Klettergerüst!«

Das Gerüst ist wirklich toll. Von oben kann man bis zum Kindergarten sehen. Außerdem gibt es eine Hubbelrutsche und verschiedene Hüpfkästchen. Tina würde am liebsten alles ausprobieren, aber dafür reicht die Pause nicht.

»Bald bist du ja jeden Tag hier«, tröstet Miriam sie. Und plötzlich findet Tina diese Vorstellung gar nicht mehr so schrecklich.

Warum möchte Tina nicht in die Schule gehen?